ALPENWELTEN

In den rauen Bergen
schlagen milde Herzen.

Heinrich Federer (1866–1928)

ALPENWELTEN

STEFAN HEFELE
EUGEN E. HÜSLER

EINE REISE
DURCH UNBERÜHRTE
LANDSCHAFTEN

BRUCKMANN

INHALT

EINFACH HIMMLISCH!

Mit seiner unglaublichen Farbe verzaubert der Lago del Sorapiš alle Besucher. Über das Naturwunder wacht der »Finger Gottes« (Dito di Dio).

MATTERHORN

Wenn die Nacht hereinbricht: Wasser, Fels und die Unendlichkeit. Im klaren Wasser des Stellisees spiegelt sich das Matterhorn, am Firmament zeigt sich die Milchstraße, unsere Galaxie, aus mehr als 200 Milliarden Sternen bestehend.

LAC DES BÉRAUDES
Urwelt, zwischen den Zeiten gefroren. Vor dieser archaischen Kulisse aus Stein, Eis und Wasser wird der Mensch, der Homo ludens des 21. Jahrhunderts, mit einem Mal ganz klein.

ABENDLICHT

Das letzte Licht fällt auf den kleinen Gufelsee in den Lechtaler Alpen. Die Berge zwischen Lech und Trisanna zeichnen sich durch eine besonders vielfältige Geologie aus. Ein schöner Aufschluss: der »Scheitel« am Vorderen Gufelkopf.

MAUERGRAU

Wer einsame Pfade und selten bestiegene Gipfel in großer, wilder Kulisse sucht, gegen Mücken und Zecken immun ist und keine Angst vor Schlangen hat, ist in den Karnischen Alpen genau richtig: eine Traumlandschaft!

CIRQUE DU FER À CHEVAL
Der hufeisenförmige (»fer à cheval«) Talkessel am Oberlauf des Giffre bezaubert mit seinen vielen Wasserfällen. So berühmt wie sein Pendant, der Cirque de Gavarnie in den Pyrenäen, ist er allerdings nicht.

MYTHOS ALPEN

DER BLICK AUF DIE BERGE IM WANDEL DER ZEIT

Alpengipfel. Zauberwelt, Playground of Europe, *montes horribilis*, größtes europäisches Verkehrshindernis – oder von allem etwas?

Von faszinierenden, von ewigen Bergen schwärmten romantische Gemüter in der Belle Époque, während die Technik bereits tiefe Löcher in den alpinen Fels bohrte, um Menschen und Güter schneller und sicherer durch die Alpen zu befördern. Hannibal suchte vor Beginn unserer Zeitrechnung einen Weg über die Westalpen, um mit seinem Heer ins römische Oberitalien zu gelangen, Petrarca bestieg 1336 n. Chr. den Mont Ventoux, und im 21. Jahrhundert überqueren jeden Sommer Zigtausende das größte

Der Alpinismus ist kein Sport, kein Wettkampf, sondern eine Philosophie, eine Lebensform.

Cesare Maestri (geb. 1929)

Gebirge Europas. Zwischen »Ötzi«, dem Steinzeitmenschen am Hauslabjoch, und dem Speedrunner in der Eiger-Nordwand liegen nicht nur 5200 Jahre, sondern auch ein großer Teil der Menschheitsgeschichte. Der Berg, der »ewige«, ist geblieben, hat höchstens etwas Eis, da und dort auch ein paar Gesteinsbrocken verloren; aber unsere Sicht aufs Gebirge ist heute eine ganz andere. Das beweisen exemplarisch zwei Begriffe: Berg und Alpen. Als Berg bezeichnete man einst nicht die Gipfel, sondern Passübergänge: den Arlberg, den Zirler Berg, den Vogelberg, den Seeberg. Und »Alpen« sind ja eigentlich eine wirtschaftlich genutzte Region zwischen Tal und Gipfel. Letztere spielten früher keine Rolle, sie waren nur eines: Hindernisse, echte No-go-Areas, von bösen Geistern besetzt, für Lawinen, Bergstürze und allerlei weiteres Ungemach verantwortlich. Erst der Alpinismus »erfand« schließlich die Gipfel.

Sichtwinkel

Jede Zeit, jeder Zeitgenosse hat eine eigene Sicht auf die Alpen. So auch die Zürcher Jugend vor bald 40 Jahren, als sie skandierte: »Nieder mit den Alpen! Freie Sicht aufs Mittelmeer!« Dabei ging's allerdings nicht darum, ein paar Millionen Jahre Erdgeschichte rückgängig zu machen, vielmehr stand das europäische Zentralmassiv für eine (geistige) Enge, die es zu überwinden galt.

Überwinden. Die Alpen lassen sich eben auch als Hindernis definieren, sie stehen im Weg, zwangen stets zu mühsamen (Um-)Wegen. Erst die Gegenwart hat sie schließlich aus dem Weg geräumt, zumindest ein wenig. Freie Sicht aufs Mittelmeer, wie in den Zürcher Unruhezeiten verlangt, gibt es zwar noch keine, seit der Eröffnung des Gotthard-Basistunnels aber wenigstens freie Fahrt.

Ende eines Mythos? Natürlich nicht, nur der Blickwinkel ist heute ein anderer. Die industrielle Revolution hat eine neue, moderne Welt geschaffen, Entfernungen sind ge-

WINTERZACKEN

Auf der Langen Alm, unter den Nordwänden der Drei Zinnen, entspringt die Rienz. Über dem gleichnamigen Quelltal des Bergbaches erheben sich schroffe, selten bestiegene Gipfel: Rautkopf, Schwalbenkofel, Schwabenalpenkopf.

Aber je mehr wir um die Berge wissen,
umso mehr erkennen wir, wie wenig wir wissen.

Ludwig Steinauer (1903–1971)

schrumpft, und mit dem Reisen als Massenphänomen entstand jener Industriezweig, der die Alpen verändern sollte wie nichts zuvor: der Tourismus.

»Der Mensch erscheint im Holozän«

Das schrieb Max Frisch, der Schweizer Schriftsteller, vor vier Jahrzehnten. So ganz stimmt das nicht, reichen die Spuren des Homo sapiens doch bis weit in die Steinzeit, also ins Pleistozän, zurück. Älteste Funde wie jene vom Wildkirchli im Alpstein oder von der Tischofer Höhle im Kaisergebirge dürften aus wärmeren Perioden des Würm-Glazials stammen; Menschen drangen damals in die Täler und Mittelgebirgsregionen der Alpen vor. Von einer Besiedlung konnte zu dieser Zeit aber noch keine Rede sein. Die setzte erst mit dem Rückzug der großen Gletscher am Ende der Eiszeit ein; aus umherstreifenden Sammlern und Jägern wurden sesshafte Bauern, die Ackerbau und Viehzucht betrieben: eine echte Zeitenwende. Berühmtester Zeuge jener Zeit ist »Ötzi«, der am Alpenhauptkamm unterwegs war, als die ersten Bauerngesellschaften die Täler der Südalpen urbar machten.

Mit dem Vordringen der Römer wurden die Alpen zum Transitland, zu einem Teil des damals größten und mächtigsten europäischen Staatsgebildes. Römische Schriftsteller bereisten und beschrieben die Alpen, prägten ihr Bild für lange Zeit. So fokussierte sich ein erstes Mal jener Blick auf die Berge, der bis heute der vorherrschende ist: der von außen. Das kolonisierte Gebiet zwischen Mailand und Augsburg, zwischen Lyon und Wien wurde mit einer ähnlichen Überheblichkeit betrachtet wie die afrikanischen Kolonien von ihren neuen Herren zwei Jahrtausende später.

Der Feudalismus des Mittelalters, in den Städten verwurzelt, nahm diese »Sicht der Dinge« gern auf, passte sie doch perfekt in sein Gesellschaftsbild: Bildung und feine Lebensart in den Zentren, Rückständigkeit auf dem Land; da die Herrschenden, dort die Beherrschten und Rechtlosen.

Erst die Renaissance – weit mehr als nur eine neue Kunstrichtung! – stellte dieses zementierte Machtgefüge infrage; die Reformation vertrieb dann viele böse Berggeister und ersetzte Wunderglauben durch eine im Alltag verwurzelte Ethik. Die Alpen erschienen nicht mehr als »schrecklich«, als Sitz von Dämonen, bedrohlich und gefährlich, sondern als Naturraum, den es zu erforschen galt. Wissen statt glauben, Neugierde statt Gottesfurcht.

Es war eine Zeit des Aufbruchs, geografisch wie geistig. Kolumbus suchte Indien weit im Westen und entdeckte Amerika, Galileo Galilei und Kopernikus stellten das geozentrische Weltbild der Kirche infrage, Gutenbergs Erfindung löste in Europa eine Medienrevolution aus, vergleichbar nur mit der Digitalisierung unserer Zeit. In den Französischen Alpen befahl der König die Besteigung des *mons inaccessibilis*, des Mont Aiguille, der als absolut unbezwingbar galt. Zwei Generationen später bestieg der Zürcher Universalgelehrte Conrad Gessner den Pilatus, trotz behördlichen Verbotes durch die (streng katholische) Luzerner Regierung.

Die Alpen – ein Reiseziel

Im Zeitalter der Aufklärung wurden die Alpen schließlich »entdeckt«, als Landschaft und Kulturraum wirklich wahrgenommen. Aus den schrecklichen wurden schrecklich schöne Berge, Natur erschien mit einem Mal als Idylle, als grandiose Kulisse. Reisen war kein reines Abenteuer mehr, verbunden mit Gefahren für Leib und Leben, Kutschen verkehrten regelmäßig zwischen den Städten; später erschien

DAS FUSSGÄNGERTAL Das Val Codera: ein großes Tal, das vom oberen Ende des Comer Sees bis zu den Dreitausendern der Bergeller Granitberge reicht – und ein Tal ohne Straße. Aber nicht ohne Menschen.

das Dampfross und läutete eine Epoche ganz neuer Geschwindigkeiten ein. Die Engländer, ohnehin schon weltläufig, machten sich auf, die Alpen zu erobern. Wer von den Zuständen im verrußten, nebeligen und dreckigen London – damals die größte Stadt der Welt – weiß, den überrascht es nicht, dass die Lords und Ladies das Berner Oberland als paradiesisch empfanden. Die Unspunnenspiele von 1805, das erste Riesenevent in den Alpen, zementierten das Bild eines glücklichen Bergvolkes, das im Einklang mit der Natur lebt, bescheiden und gottesfürchtig.

Die Alpen als Reiseziel, Natur als Rohstoff, mit dem sich Geld verdienen lässt. Das kapierten die Einheimischen in Interlaken, Zermatt und im Oberengadin bald einmal. Man investierte fleißig in Verkehrsverbindungen und Unterkünfte. Für die betuchten Gäste entstanden Paläste in schönster Lage mit allem Komfort, sogar auf Gipfeln wie der Rigi oder dem Bürgenstock. Welcome to Switzerland, welcome to the Alps!

Eine erste Blütezeit erlebte der Alpentourismus in der Belle Époque, dann kam der Erste Weltkrieg, in den 1920er-Jahren die Weltwirtschaftskrise und schließlich die zweite große Weltkatastrophe. Europa lag in Trümmern – und stand wieder auf. Auf Elend und Tod folgte ein beispielloser Boom, es gab Arbeit in Hülle und Fülle, Ferien dann sogar für Lieschen Müller. Also machten sich die Massen auf, die Deutschen, gerade Fußballweltmeister geworden, reisten über den Brenner ins gelobte Land, das schon den Dichterfürsten aus Weimar verzaubert hatte. Wachstum allenthalben; die Frühstückspension verwandelte sich in ein Drei-Sterne-Hotel und bekam schließlich noch einen

Wellnessbereich. Auf dem Teller liegt jetzt kein Schnitzel mehr und Haubenköche verwöhnen die Gäste mit kunstvollen Kreationen.

Man gibt sich sportlich, isst vegan, meditiert, hilft bei einem Bergbauern oder macht Yoga, wandert als Säumer oder Pilger wie Menschen vor einem halben Jahrtausend über die Alpen, wirft sich über senkrechte Felswände in die Tiefe, schindet sich über Tausende Höhenmeter, mit dem Bike oder zu Fuß. Der Bergsport, bald eine Massenbewegung mit immer mehr Facetten, gebiert neue Heroen, die eines gemeinsam haben: Sie tun extreme Dinge. Reinhold Messner, der erste medial dauerpräsente Bergsportler, unterfüttert die körperliche Schinderei sogar philosophisch. Ueli Steck rennt in weniger als drei Stunden durch die Eiger-Nordwand (raubt ihr nebenbei viel von ihrem Nimbus), Alexander Huber stellt in der Nordwand der Westlichen Zinne die Gesetze der Physik (alles fällt nach unten!) buchstäblich auf den Kopf.

Ein Gipfel gehört dir erst,
wenn du wieder unten bist. Denn vorher
gehörst du ihm.

Hans Kammerlander (geb. 1956)

Das Fußvolk nimmt es staunend zur Kenntnis, schlürft sein pappsüßes Brausegetränk und versucht sich weiter an Wander-Dreitausendern oder Dolomiten-Klettersteigen. Breitensport nennt sich das, Medaillen gibt's dafür keine und höchstens bescheidene mediale Aufmerksamkeit. Doch die Industrie freut es, die Umsätze steigen, und vor Ort werden die Berge zurechtgemacht für das unaufhaltsam anschwellende Heer der Gäste. Die sind gleichzeitig immer älter und immer jünger, anspruchsvoller auch. Und sie eifern den Helden der Szene nach, in gehörigem Abstand natürlich, doch das verändert ein weiteres Mal unser Bild der Alpen. Die Berge werden zur Kulisse, bestaunt zwar noch, den echten Kick liefert aber der Sport. Es entsteht eine bunte Bilderwelt unterm ewig blauen Himmel, mit kletternden, rennenden, fliegenden und springenden Menschen.

Die Alpen, eine möblierte Freizeitwelt, 200 000 Quadratkilometer groß und 4810 Meter hoch. Touristiker werben mit einer Natur, die viele hässliche Flecken hat, aber immer noch von überwältigender Schönheit ist. Man muss sie allerdings sehen. Die Digitalkamera ersetzt heute das Auge, der flüchtige Eindruck genügt; Entschleunigung wird gepredigt, doch auch (Frei-)Zeit ist kostbar, darf nicht »vergeudet« werden.

Nimm dir Zeit!

Zeit – einst zeitlos. Erst seit der Erfindung der Uhr läuft sie im Takt, zunächst in Stunden zerlegt, dann in Minuten, mittlerweile hantiert die Physik mit Attosekunden. Als noch Postkutschen über staubige Chausseen rumpelten, brauchte ein Brief drei Tage, bis er den Empfänger erreichte. Und heute, per Mail?

Wenn ich zügig bergan gehe, schlägt mein Herz vielleicht 90-mal pro Minute, wie jenes des »Ötzi« vor fünf Jahrtausenden, und vor der Schönheit einer alpinen Kulisse empfinden wir immer noch ähnlich wie die Alpenpioniere des 19. Jahrhunderts. Manches verändert sich eben kaum, zumindest nach menschlichen Maßstäben.

»Lasst uns kurz zurücktreten!«, möchte man den ruhelosen Massen zurufen. Wieder richtig schauen, den Geräuschen der Natur lauschen, ihre Gerüche aufnehmen, Erinnerungen nach Hause tragen, darüber miteinander sprechen. Das Gesehene, Erlebte ist echt, nicht das digitale Abziehbild. Es wird höchste Zeit, der Zeit ihren Platz zurückzugeben, und das geht wunderbar *per pedes*, in jenem Tempo, das uns Menschen entspricht. Unterwegs sein ohne Hektik, Schritt für Schritt, ziellos vielleicht sogar. Vergeudete Zeit oder sinnstiftende Sinnlosigkeit?

DEUTSCHLANDS HÖCHSTER
Der Eibsee und die Zugspitze – ein bayerisches Postkartensujet. Ende 2017 wird cie neue Seilbahn zwischen See und Gipfel ihren Betrieb aufnehmen.

IM SÜDWESTEN DER ALPEN

TERRA INCOGNITA

Kolumbus suchte Indien und entdeckte Amerika. Das kann dem modernen Globetrotter nicht mehr passieren, er bewegt sich überwiegend auf gut eingetretenen Pfaden, oft gleich *all inclusive*. Ganz ähnlich verhält sich der Alpenreisende, was die Hoteliers, Pizzabäcker und Seilbahnbetreiber in Tirol, im Engadin und am Gardasee gleichermaßen freut.

Also wieder nach Südtirol? Oder doch aufbrechen zu neuen Ufern, auf der Suche nach unbekannten Horizonten? Zum Beispiel in jenem Teil der Alpen, wo man französisch, okzitanisch oder piemontesisch redet, kein eigenes Wort für die berühmteste Alpenblume kennt (franz.: Edelweiß), wo der südlichste Zweitausender steht und sich der größte Canyon versteckt.

Wer weiß in Bayern schon, dass in diesem fernen Teil der Alpen die Transhumanz und damit die wirtschaftliche Nutzung der Hochweiden ihren Anfang nahm; dass hier zwei ganz große Berge – der Mont Ventoux und der Rocciamelone – bereits im 14. Jahrhundert bestiegen wurden; dass der Mont Aiguille, ursprünglich *mons inaccessibilis*, exakt in jenem Jahr, als Kolumbus über den Atlantik segelte, auf Geheiß des französischen Königs Karl VIII. erstbestiegen wurde, und zwar von einem Soldatentrupp mithilfe von Sturmleitern?

Vier Jahrhunderte später standen erstmals Menschen auf dem Dach der Alpen. Jacques Balmat und Michel-Gabriel Paccard stiegen von Chamonix über die Grands Moulets und das Grand Plateau auf. Keine zehn Jahre später bezwang auch die erste Dame den Gipfel: Tschingel, die überaus bergtüchtige Hündin von William Coolidge. Nach dem Amerikaner, der lange Jahre in Grindelwald lebte, ist ein Gipfel im Massif des Écrins benannt. Als Tschingel 1879 starb, schrieb er seinem Freund C. E. Mathews: »Ich bin tief betrübt über den Tod meines lieben, alten Hundes Tschingel. Sie war so viel mehr eine Gefährtin als nur ein gewöhnlicher Hund, und ihr Verlust schmerzt mich tief.« Tschingel – das sei hier vermerkt – war übrigens nach ihrer erfolgreichen Monte-Rosa-Besteigung zum *Honorary Member* des Alpine Clubs ernannt worden, per Akklamation von einigen Mitgliedern, die ihr am Riffelberg begegnet waren – als erstes weibliches Wesen notabene. Bis 1974 (!) nahm der britische Alpenclub nur Männer auf.

In der Vorstellung vieler Bergsteiger steht die Rax am einen, der Mont Blanc am andern, dem westlichen Ende des Alpenbogens. Was für eine Unwucht des Wissens! Rund ein Fünftel der gesamten Gebirgsmasse, sagenhafte 60 Milliarden Kubikmeter Gestein – einfach übersehen. Da plätschert das Mittelmeer am Fuß des höchsten Alpengipfels, keine Spur von den Gebirgsketten Savoyens, der Dauphiné. Freie Sicht dafür von der Promenade des Anglais in Nizza auf den Weißen Berg?

FINGER GOTTES?
Was für ein Zacken, scheinbar am Himmel kratzend! Dabei ist der Rocher de Combeau gerade mal 1500 Meter hoch – aber absoluter Blickfang an der Straße vom Col de Menée hinab nach Châtillon-en-Diois.

Den höchsten Berg unserer Gegend,
der nicht unverdienterweise der Windige genannt wird,
habe ich gestern bestiegen, lediglich aus Verlangen,
die namhafte Höhe des Berges kennenzulernen.

Francesco Petrarca (1304–1374), im Jahr 1336

Auch auf der Ostseite des westlichen Alpenhauptkamms kennen sich Herr und Frau Meyer nicht so richtig aus. Der Monviso (3841 m)? Nie gehört, obwohl man ihn – nomen est omen! – sogar vom »Tessiner Rigi«, dem Monte Generoso (1701 m), am fernen Horizont mit bloßem Auge erkennen kann. Auch die Cima dell'Argentera (3297 m), der Silberberg in den Seealpen mit Fernsicht bis nach Korsika, kennt hierzulande kaum jemand. Sie hat übrigens einen prominenten Erstbesteiger: es handelt sich dabei um den bereits genannten William Coolidge (1879).

Savoie, Dauphiné, Haute Provence und Piemont – terra incognita? Also, warum nicht einmal nach Westen segeln, ins Unbekannte, Drei Zinnen und Glockner hinter sich, die Schweizer Alpen links liegen lassen? Eintauchen ins Vercors mit seinen Hochplateaus und tiefen Höhlen, durchs Vanoise-Massiv wandern, hinter dem Col du Galibier dem legendären Licht der Provence nachspüren? Im Massif des Écrins steht der südlichste Viertausender der Alpen. Der Monte Pietravecchia (2038 m) ist der südlichste Zweitausender, gerade noch 20 Kilometer von der Mittelmeerküste bei San Remo entfernt. Monaco und das Fürstenhaus der Grimaldis sind auch nicht viel weiter weg; mit der fürstlichen Aussicht vom »alten Stein« kann der Zwergstaat allerdings nicht konkurrieren, da gibt's höchstens einen Coup am Spieltisch. Rien ne va plus!

In Monaco sind die »Gipfel« aus Glas und Beton, ist es laut, eng und hektisch. Was für ein Kontrast zum Hinterland, wo die Sonne den Tagesablauf vorgibt, die Alpen sich in immer steileren Wellen auftürmen, Menschen dafür immer weniger werden. Der Mont Bégo (2872 m) kratzt schon fast an der Dreitausendermarke, und an seinen Flanken wurde vor mehr als drei Jahrtausenden gekratzt, buchstäblich. Hirten, die ihre Tiere im Sommer auf die Hochweiden trieben, ritzten Tausende von Bildern und Symbolen in den vom Gletschereis glatt geschliffenen Stein. Der Mont Bégo war den Ligurern heilig; zahlreiche Sagen und Mythen kreisen um den Berg. Da verwundert es wenig, dass man hier ein Vallée des Merveilles (Tal der Wunder) durchwandern kann, dass der Teufel seinen Gipfel hat (Cime du Diable) und ein Tal direkt in die Hölle führt (Val d'Enfer).

Zwischen Wunder und Hölle dürfte sich auch das Befinden Hannibals bei seinem wagemutigen (und verlustreichen) Zug über die Westalpen bewegt haben, mit 30 000 Mann, halb so vielen Pferden und 37 Elefanten. Der Karthager überraschte damit nicht nur die Römer in Italien, er bescherte der Wissenschaft auch ein veritables Rätsel. Denn bis heute ist umstritten, wo er im Jahr 218 v. Chr. den Alpenhauptkamm überquerte; am Mont Cenis, am Col de Clapier oder am Col de la Traversette? Für Letzteren spricht ein aufsehenerregender Fund (2016) in Passnähe: Pferdemist, in einem Moortümpel konserviert und über 2000 Jahre alt.

WASSERKRAFT
Das Wasser ist der große Gestalter unserer Alpen, es formt Berge wie Täler, schafft sich neue Wege durch den Untergrund. Wie hier an einem Seitenarm der Gorges de Daluis in den Seealpen (Alpes Maritimes).

VERLOREN?
Als »Schwarzes Loch Europas« ist das Valle Maira im Südwesten des Piemont bezeichnet worden – verlassen, ohne Perspektive. Mittlerweile regt sich sanfter Tourismus, Wege werden instand gesetzt, in manche Weiler kehrt Leben zurück.

WENN DER TAG ERWACHT

Früh aufstehen gehört zum Bergsteigen wie der Senf zur Wurst. Das wissen Skitourengeher, aber auch jene, die gern hohen Alpengipfeln aufs Haupt steigen. Im Frühjahr zwingt einen der Schnee, der im Lauf des Tages seine »führigen« Eigenschaften einbüßt, zeitig aus den Federn, bei großen Bergen ist es schlicht die Länge der Tour. Aber ganz freiwillig mitten in der Nacht losgehen, nur mit dem Licht der Stirnlampe als Orientierungshilfe? Unter der Milchstraße oder einem fahlen Mond hineinwandern in eine stille, unsichtbare Welt?

Nacht flieht, – der krause Dunst der Berge fällt
Und schmilzt zu Gold, und Licht erweckt die Welt!

Lord Byron (1788–1824)

Wandern in einer anderen Welt. Viel Ahnung, fast keine Geräusche, du siehst Tausende von Lichtjahren weit (und, nebenbei, auch Jahrtausende in die Vergangenheit), aber der Baum neben dem Weg ist lediglich ein schwarzer Umriss im Dunkeln. Bis dann der erste Vogel pfeift, eben aufgewacht. Im Unterholz raschelt es, und im Osten weicht die Nachtschwärze ganz allmählich. Irgendwo auf der Wiese steht ein Reh, und vielleicht lässt ein Birkhuhn sein typisches Gurren hören, bevor es sich davonmacht. Drunten im Tal gehen die Lichter an, beginnt der Alltag, am Horizont gewinnen immer mehr Gipfel Kontur. Dann bist du oben, und im Osten taucht die Sonne auf, ein Feuerball, dessen Strahlen nach einer achtminütigen Reise durchs All deine Haut wärmen, die Kälte vertreiben. Was für ein Spektakel, ganz alltäglich zwar – im Wortsinn! –, aber trotzdem stets aufs Neue ein Wunder.

Wandern in den Tag, aus dem Dunkel der Nacht ins Licht – das ist Erlebnis, Verheißung auch: ein Anfang. Einer, der immer wieder anders ausfällt, mal dramatisch mit wilder Wolkenmalerei, dann trüb, auch mal mit einem Regenbogen. Und der Berg, an dem du unterwegs bist, ist nicht ausgeleuchtet wie ein Bahnhofsareal, sondern geheimnisvoll verschattet, gibt sich erst nach und nach preis bis zum finalen Moment: Die Sonne geht auf, es ist Tag!

MORGENLICHT
Schroffe Felsen über grünen Matten. Am Fuß der Crête des Béraudes (2837 m) gedeiht der Gelbe Enzian (Gentiana lutea), aus dem vor allem in den Ostalpen der Schnaps gleichen Namens gebrannt wird.

ABENDFEUER

Der Tag neigt sich seinem Ende zu und die tief stehende Sonne taucht das Vallée Étroite in ein fast unwirkliches Licht. Unsichtbar: die EU-Innengrenze zwischen zwei Alpenländern – Frankreich und Italien – drunten im Tal.

DER POET UND DER PRAGMATIKER

(Irgendwo im Briançonnais, Hautes Alpes, zwei Männer)

Der Poet: Schau mal, diese Formen, die Farben – und dann das Licht!
Der Pragmatiker: Roches de Crépin, 2942 Meter.
Der Poet: Wunderbar, dieser leichte Nebelschleier, der den schroffen Fels zärtlich umschmeichelt.
Der Pragmatiker: Verdirbt die Fernsicht. Und überhaupt: Möglicherweise gibt's heute noch ein Gewitter.
Der Poet: Ja, die Elemente. Sie stehen für Leben, Kraft, Hingabe, für das Schöpferische.
Der Pragmatiker: Wenn der Blitz einschlägt, ist es aus mit dem Leben.
Der Poet: Der Gipfel, wie die Finger einer steinernen Hand, die sich in den Himmel recken!
Der Pragmatiker: Darum heißen die Zacken ja auch Main de Crépin.
Der Poet: Was muss das für ein Gefühl sein, dort oben zu stehen, dem Himmel so nah und allem Irdischen entrückt.
Der Pragmatiker: Ganz schwierige Kletterei, V. Grad oder drüber.
Der Poet: Der Schwerkraft trotzen, einmal alle Hindernisse überwinden. Das heißt: frei sein.

(Irgendwo in den Bergen grummelt es vernehmlich.)
Der Pragmatiker: Wenn wir nicht nass werden wollen, sollten wir jetzt gehen.
Der Poet: Wasser, das ist Leben. Leben in seiner reinsten Form.

(Es beginnt ganz leicht zu regnen.)
Der Pragmatiker: Was habe ich gesagt?

(Holt seine Regenjacke aus dem Rucksack)
Der Poet: Diese Luft, so frisch. Da fühlt man sich wie neu geboren.
Der Pragmatiker: (schweigt, geht ab)
Der Poet: (wird nass)

ROCHES DE CRÉPIN

Stein über Stein. Große Kulisse im Vallée de la Clarée mit den zerklüfteten Roches de Crépin als Blickfang. Was für ein Kontrast zu dem idyllischen grünen Talbecken, wo im Sommer das Vieh weidet!

DACH DER ALPEN

Lauter Riesen aus Fels und Eis: das Mont-Blanc-Massiv von Süden. Links das »Dach« Europas, der Weiße Berg (4810 m), rechts der Bildmitte der Dent du Géant, ganz rechts die Grandes Jorasses (4208 m).

LAGO VISAISA

Ganz hinten im Valle Maira, eine halbe Gehstunde oberhalb von Saretto, entspringt die Maira. Ihre Quellen werden vom Wasser des (scheinbar) abflusslosen Lago Visaisa gespeist.

ALLEIN AM BERG

Wer allein ist, braucht nicht einsam zu sein. Das Gleiche gilt auch umgekehrt. Am Berg bin ich gern allein und fühle mich dabei nicht einsam. Am Oktoberfest möglicherweise schon. Deshalb meide ich jene Trampelpfade, die in den Wochenendbeilagen von Tageszeitungen angepriesen werden und in jedem Wanderführer zu finden sind. Die Natur und ich, wir sind da einer Meinung: Wenige sind mehr, und Massen gehören anderswo hin.

Hast du keinen Begleiter,
so besprich dich mit deinem Spazierstock.

Aus Albanien

Pfui! Da ergießt sich wohl ein alpines Unwetter (neudeutsch: Shitstorm) über mein Haupt. Jaja, jede und jeder hat das Recht, seine Freizeit nach Gutdünken zu verbringen, und wenn's halt viele Leute in die Berge zieht, muss man das akzeptieren. Wohlwollendes Nicken unisono bei allen Liftbetreibern, Freizeitklamottenherstellern, Hüttenwirten und Spritverkäufern. Auch die selbsternannten Anwälte der Umwelt würden es nicht wagen, gegen die totale Demokratie im Bergeüberrennen zu votieren. Ein paar gute Ratschläge für eigenbrötlerisch veranlagte Natur-Junkies haben sie immerhin auf Lager: früh aufstehen, sich azyklisch verhalten, Fantasie bei der Tourenplanung entwickeln. Ja, in den Monti del Sole bin ich garantiert allein – mit ein paar Millionen Mücken und einer beachtlichen Reptilienpopulation, vorzugsweise der Gattung »serpentes«. Und wer um zwei Uhr nachts beim mageren Schein seiner Stirnlampe im Vallée de la Clarée zum Mont Thabor aufbricht, ist ziemlich sicher der einzige Zweibeiner im Bergwald. Möglicherweise stört er dabei allerdings ein Rehkitz, das im Dunkel der Nacht Schutz und Ruhe sucht.
Also einfach zuhause bleiben, ein Buch lesen, vielleicht mit schönen Bildern vom Draußen. Eine gute Idee, heute zumindest. Weil's regnet, wieder einmal ...

AM END' DER WELT

Ein Weltende mitten in Europa? Ja, das Valle Maira nach dem Zweiten Weltkrieg: entvölkert, vergessen. Inzwischen regt sich neues Leben in dem Alpental, das zu den schönsten des Piemonts zählt.

LICHT UND SCHATTEN

Das Gewitter ist abgezogen, fern am Horizont klart es schon wieder auf: Abendstille im Vallée de la Clarée, einem kleinen Paradies in den Bergen des Briançonnais.

GORGES DE DALUIS

Rötliche, tonhaltige Sedimente des Perm, 250 Millionen Jahre alt, bilden die mächtige Klamm des Var zwischen Guillaumes und Daluis. Bei niedrigem Wasserstand kann man in die Schlucht hineinwandern – nasse Füße garantiert!

MONT AIGUILLE

Sonnenaufgang im Trièves; Wolkenschleier umspielen den kolossalen Felszahn des Mont Aiguille (2087 m). Er wurde 1492, dem Jahr von Christoph Kolumbus' Amerikafahrt, auf Befehl des französischen Königs erstbestiegen.

PLAINE DE CHAMOUSSET

Der Vercors fällt nach Osten hin zur grünen Hügellandschaft des Trièves ab. Tiefblick vom Plateaurand in den wilden Graben von Arches. Hier hat das Wasser ganze Arbeit geleistet, das weiche, tonige Gestein größtenteils weggeschwemmt.

PERSPEKTIVEN

Denk dir die Welt als Scheibe,
flach und ohne Kern.
Da gäb's kein oben
und kein unten,
nicht heiß, nicht kalt
und alle Menschen wären gleich.

»Perspicere«, sagt der Lateiner und meint damit einen bestimmten Durchblick. Den hat auch der Bergsteiger, allerdings einen wechselnden. Seine Klettertour beginnt er in der Regel als Frosch, der mit zunehmender Höhe zum Vogel wird, bevor sich ihm das ganze Panorama erschließt. Doch welche Perspektive öffnet dem Auge den schönsten Blickwinkel? Am umfassendsten, keine Frage, ist die Rundschau vom höchsten Punkt, 360 Grad und immer bis zum Horizont, entsprechende Witterung vorausgesetzt. Ein Panorama kann allerdings auch langweilig sein, ein fades Rundgemälde der Natur, im Mittagslicht ohne Tiefe. Es fehlt der Fluchtpunkt, auf den alles zuläuft, der Spannung erzeugt. Viel Luft unter dem Hintern etwa oder eine monumentale Felsmauer vor, nein: über dir.

Denk dir die Welt als Kugel,
ohne Rand, dafür mit Kern.
Dann gäb's ein oben
und ein unten,
kalt und heiß –
und kein Mensch wär' dem andern gleich.

FALLENDE WASSER
Der Cirque du Fer à Cheval im savoyischen Hochtal des Giffre ist für seine zahlreichen Wasserfälle berühmt, die aus den senkrechten Kalkklippen des Pic de Tenneverge (2989 m) herabstürzen.

EAU VIVE

Wasser bedeutet Leben, und Wasser sprudeln überall in den Bergen, aus Quellen, über Felskaskaden, als kleine Rinnsale oder rauschende Bäche; sie mäandern in flachen Talböden, bilden kleine Lacken oder Seeaugen.

REISSENDE WASSER

Bergbäche entfalten nach Unwettern oder lang anhaltenden Regenfällen oft eine zerstörerische Kraft, reißen Felsblöcke, Bäume und Geröll mit, beschädigen Wege, Straßen und Häuser.

COL DE LA BONETTE

Frühsommer am Col de la Bonette (2715 m), einem der höchsten Straßenpässe der Alpen. Aus dem Tal der Tinée ziehen Wolken herauf, dazwischen malt die Sonne bunte Flecken an die kahlen Hänge der Alpes Maritimes.

GRAND CANYON DU VERDON

Die größte Schlucht der Alpen – fast ein »Grand Canyon« – liegt in den Provenzalischen Voralpen. Hier hat sich der Verdon auf einer Strecke von gut 20 Kilometern bis zu 700 Meter tief in das Kalkgestein gegraben.

SONNENFEUER

Sonnenaufgang über dem Mont Ventoux (1911 m). Das legendäre Licht der Provence umschmeichelt den kahlen Bergstock, der berüchtigt ist für stürmische Winde: »le Ventoux«, der Windumtoste.

BAUMLEBEN

Was für ein Baum – und was für ein Licht! Beides gehört zusammen, das eine lässt den anderen wachsen und gedeihen. Die Buche dürfte schon am Mont Aiguille gestanden haben, als Napoleon halb Europa eroberte.

LA LUMIÈRE DE LA PROVENCE

Die Hügellandschaft der Provence im Licht des frühen Morgens – was für ein Zauber! Kein Wunder, dass es berühmte Maler wie van Gogh, Gauguin, Cézanne, Matisse und Picasso hierherzog.

VUE DES ALPES

Blaue Stunde am Mont Ventoux – eire magische Stimmung! Bald wird die Morgensonne die tausend Gipfel der Französischen Alpen in ihr Licht tauchen. Wunderwelt Alpen.

URWELT

Wie Wellen eines Urzeitmeers brandet der Morgennebel an die schroffen Felsriffe des Grand Canyon du Verdon. Ein paar hundert Meter tiefer fließt das Wasser des Verdon dem Mittelmeer entgegen.

DIE SCHWEIZ

WIEGE DES ALPENTOURISMUS

Man möchte Gessler, den unglücklichen Habsburger Stadthalter, ja gern als ersten Touristen im Land der Eidgenossen bezeichnen, doch seine Fahrt über den Urnersee nach Altdorf war keine Vergnügungs-, sondern eine Dienstreise. Eine mit bösem Ausgang, wie alle wissen, die Schillers »Wilhelm Tell« gelesen oder auf der Bühne gesehen haben: Die wackeren Innerschweizer Bauern stehen auf gegen »fremde Fötzel«. Bei Max Frisch, der sich des Schweizer Urmythos ebenfalls annahm, liest sich das ganz anders: Gessler als kleiner Angestellter, der Mann mit der Armbrust – mehr ein Held wider Willen.

Doch Schillers Tell lebt. Zumindest im Nationalgefühl der Schweizer, die sich als wehrhaft verstehen und das in ihrer Geschichte auch oft bewiesen haben. Man ist ganz gern unter sich, misstraut dem Fremden. Allerdings nicht unbedingt, wenn er sein Geld mitbringt oder nur kurz vorbeischaut und sich den Anblick grandioser Landschaften etwas kosten lässt. 1804, als Schillers Drama in Weimar uraufgeführt wurde, wusste die europäische Elite längst um die Schönheit der Schweizer Berge. Albrecht von Haller, der Berner Universalgelehrte, hatte seine »Alpen« in epische Verse gesetzt, Jean-Jacques Rousseau, der Urgrüne, faszinierte die Intellektuellen mit seiner Idee »Zurück zur Natur!«, und der Mont Blanc war auch bereits bestiegen. Das Land Tells wurde zum Reiseziel. Im Sommer 1805 veranstalteten die cleveren Berner auf dem Bödeli (Interlaken) zwischen Brienzer- und Thunersee erstmals ihr Unspunnenfest, ein spektakuläres Event, das das Bauernleben verherrlichte und zu dem die Hautevolee aus halb Europa anreiste, die Rothschilds sogar auf einem eigenen Schiff.

Die Festspiele im Berner Oberland verliehen einer Entwicklung, die inzwischen jährlich etwa 17 Milliarden Franken umsetzt, den ersten Schwung. Hotels wurden gebaut, bereits 1832 ein erstes Gipfelhaus auf dem Faulhorn (2681 m) – das übrigens heute noch steht –, und wenige Jahre später erschien in London bereits das erste »Handbook for Travellers in Switzerland«. Das war sozusagen ein Gebot der Stunde, stellten reisefreudige und betuchte Engländer doch das Gros der Alpenreisenden. Und sie beschränkten sich zunehmend nicht mehr darauf, die Drei- und Viertausender zu bestaunen: Sie wollten hinauf!

Als direkte Folge dieses typisch britischen *sporting spirit* entstand alsbald ein neuer Berufszweig: der des Bergführers. Legendäre Figuren aus dem Golden Age des Alpinismus – durchwegs berg- und wettererprobt – sind die Gebrüder Lauener, Christian Almer, der unter anderem William Coolidge, Leslie Stephen und Edward Whymper am Seil hatte, und Melchior Anderegg, ein hervorragender Alpinist, der zusammen mit Christian Almer als Erster das Schweizer Bergführerpatent erhielt.

UNTER DER BLÜEMLISALP

Steile, teilweise senkrechte Felsen umschließen den Oeschinensee auf drei Seiten. Darüber thronen die Gipfel der sagenumwobenen Blüemlisalp mit ihren Gletschern – lauter Bergriesen.

*Alle Menschen werden die Wahrnehmungen machen,
dass man auf hohen Bergen, wo die Luft rein und dünn ist, freier atmet
und sich körperlich leichter und geistig heiterer fühlt.*

Jean-Jacques Rousseau (1712–1778)

Die Berge, einst Hort böser Geister und anderer Unholde, waren erobert – und entzaubert? Fast könnte man es glauben, niemand hat seither in Grindelwald den Zwergenkönig Muggestutz oder den Föhngewaltigen Challigroosi gesehen; das Wüetisheer, das einst auf dem Rottalgletscher sein Unwesen trieb, ist verschwunden. Die Alpen sind kein Sagenreich mehr, die Schweiz dafür sagenhaft reich. Die Zauberlehrlinge der Jetztzeit wagen sich in steilste Wände, kämpfen nicht für das Gute oder gegen Böses, sondern mit dem Fels, dem Eis und manchmal mit sich selbst. Die Berge sind bis in die hintersten Winkel ausgeleuchtet und durchgehend vermessen.

Wirklich? Ein eisiger Wind pfeift über das Hochplateau, Wolken hängen tief an den Bergflanken, und aus dem Tal ziehen Nebelfetzen herein. Irgendwo grollt ein Donner, sein Echo hallt von den Mauern zurück. Es ist Nachmittag, die Sonne steht eigentlich hoch am Himmel, aber es wird immer dunkler. Dann ein gleißender Blitz, gefolgt von einem hell-splittrigen Krachen. Du beginnst zu laufen – nur weg hier! Es scheppert weiter, jemand schleudert Blitze nach dem verängstigten Menschlein, fast im Sekundentakt, so kommt es dir wenigstens vor. Du kämpfst mit aufkommender Panik, während kalter Regen dich peitscht, mal von vorn, dann von der Seite, als möchte er dich umwerfen. Konzentrier dich auf die dünne Wegspur, die wenigen Farbmarken an den Felsen! Wieder gleißende Helligkeit für einen Sekundenbruchteil, nochmals das Kreischen, dann: Stille. Nur das monotone Rauschen des Regens, kein Wind mehr, bloß düsteres Halbdunkel. Langsam nur löst sich die Anspannung, du atmest wieder normal, deine Schritte werden langsamer.

So leicht wird der Homo ludens des 21. Jahrhunderts zurückgeworfen auf seine Wurzeln, kehren Urängste zurück. Der Natur ausgeliefert sein, den Tod vor Augen haben. Dann bimmelt das Handy im Rucksack, deine Nabelschnur zur Alltagswelt. Jetzt bist du ganz zurück in der Gegenwart. Das Wetter zieht ab, die Sonne bricht durch die Wolken, tausend Wassertropfen glitzern im Gras, und zwischen den Steinen haben sich kleine Pfützen gebildet.

Naturgewalt. Verdrängt, aber immer noch da. Und vielleicht fürchten wir Kinder der Aufklärung ja doch den Zorn, die unbändige Kraft der Natur, die wir malträtieren, quälen, zerstören. Sind die Gipfel doch Sitz der Götter, und wer aus ihnen einen *playground*, einen Spielplatz macht, fordert mehr als nur Steinschlag oder Blitz und Donner heraus.

Der Berg hält still, er entlässt mich ins Tal, dahin, wo die Natur mehr Kulisse als erlebte Welt ist. Wo Beton und rechte Winkel dominieren, die Zeit getaktet ist wie der Alltag. Wo Minuten zählen und nicht Jahrtausende. Ein Blick zurück und ein Gedanke, der mich eine Weile nicht mehr loslässt: Die Berge, sie waren schon lange da, bevor der Mensch den aufrechten Gang übte. Und wenn sie einmal verschwinden, von den Mahlkräften der Natur eingeebnet, wird schon seit einer halben Ewigkeit nichts mehr an den Homo sapiens erinnern.

HERBSTIDYLLE
Die Lärchen verfärben sich, das Gras riecht faulig, die Wiesen werden braun. Der Bauer treibt die Kühe ins Tal, die Städter schwärmen aus, denn jeder weiß: Herbst ist die schönste Wanderzeit – auch im Alpstein.

TRAUMSTUNDE

Ein Tag vergeht, Schatten legen sich über die bemoosten Trümmerfelsen und aus den Nebeln leuchtet ein allerletztes Himmelslicht herab auf die Scheitelhöhe des Julierpasses.

GOLDENER HERBST

Die Lärche ist der einzige Nadelbaum, der sich im Herbst verfärbt und anschließend seine Nadeln verliert. Sie ist sehr robust und kann uralt werden. Im Wallis wurde eine Lärche mit 686 Jahrringen gefällt.

HÄNSEL UND GRETEL

Ob's spukt in diesem Wald, ob in dem Hüttchen wohl eine Hexe wohnt, die Kinder entführen und fressen würde? Im Wald wirft jedes Licht doppelten Schatten, und hinter jedem Baum lauert das Unerwartete. Auch im Appenzeller Wald.

Wenn man in einen Wald eintritt,
so ist es, als trete man
in das Innere einer Seele.

Paul Claudel (1868–1955)

DER MÄRCHENSEE
Versteckt im Wald liegt der Caumasee mit seiner kleinen Insel. Seine Entstehung verdankt er dem Flimser Bergsturz, bei dem in der Nacheiszeit zwischen neun und zwölf Kubikkilometer Gestein abgingen und den Vorderrhein aufstauten.

BLAU ODER GRAU?

Keine Frage, wenigstens auf den ersten Blick. Wer wünscht sich keinen blauen Himmel bei seinen Exkursionen ins Gebirge? Und dazu eine Sonne, die lacht (wie eigentlich?). Grau ist der Fels, der prächtig ausgeleuchtete, aber da kann er nichts dafür, und manchmal – vor allem abends – sorgt die Sonne ja auch noch dafür, dass er etwas Farbe abbekommt, gelb und rot oder wenigstens ein vornehmes Rosa.

Solange man nicht ein Grau gemalt hat, ist man kein Maler.

Paul Cézanne (1839–1906)

Spätestens hier ist ein Plädoyer für das farblose Grau fällig, für Nebelgrau, Steingrau, Dämmergrau, Wolkengrau, Stimmungsgrau. Weil grau der Kontrast zu all den Farben der Berge ist, ihnen fantastische Wirkungen verleiht. Ein Loch im Wolkengrau, durch das die Sonne ihr Licht auf einen Felszahn oder eine kleine Lacke fallen lässt, adelt Stein und Wasser. Licht, gebrochen von Millionen Wassertröpfchen, verzaubert einen uralten Wald. Dämmerlicht macht aus Berggipfeln mystische Gestalten; Wolken bringen Leben ins Himmelblau. Und wenn nach einem grauen Tag am Abend die Sonne durch die Wolken bricht, es überall glitzert und leuchtet, auf den Wiesen, im Fels, dann verzieht sich das Stimmungsgrau schlagartig.

Grau ist jene Zutat, die ein schönes Motiv in ein packendes Bild verwandelt, eine Un-Farbe, die für Spannung sorgt. Erst im Schatten erstrahlt das Licht, und was vom Grau verhüllt ist, lässt Raum für die Fantasie. Was macht der Nebel aus einem Bergwald? Eine gespenstische Märchenlandschaft, die wir, die Smartphone-Generation, nur recht widerwillig betreten, weil hier weder Bits noch Bytes lauern, sondern Geister der Vergangenheit. Und die sind in die DNA jedes Menschen gemeißelt, auch wenn er in der Stadt wohnt, bei einem IT-Betrieb arbeitet und drei Sicherheitsschlösser an der Tür hat.

Manchmal ist uns das Grau ja sogar willkommen. Wer im Nachtdunkel zu einer Wanderung aufbricht, allein mit der Schwärze und ein paar Tausend Sternen, der freut sich, wenn sich am östlichen Horizont ein erster grauer Schimmer zeigt: der Tag beginnt. Da zieht sich das Grau zurück, wissend: Ich komme wieder.

EISIGE ZEITEN

Kaum zu glauben: Vor 150 Jahren reichte der Untere Gletscher bis an den Dorfrand von Grindelwald. Geblieben ist bloß ein düsteres Felsloch, von senkrechten Felsen flankiert: die Gletscherschlucht, ganz ohne Eis.

HIMMLISCH – TEUFLISCH

Frühling in den Waadtländer Alpen. Auf den Gipfeln des Diablerets-Massivs (Teufelsberge) liegt noch Schnee, auf den Almen blüht es bereits – himmlisch!

DICKICHT

Wilde Berge, raue Welt. Aufgerissene Bergflanken am Piz Daint, der Erosion preisgegeben. In tieferen Lagen versuchen robuste Pflanzen, mit den schwierigen Lebensbedingungen fertigzuwerden: ein Leben am Limit.

PUSCHLAVER LANDSCHAFTSWUNDER
Der Frühsommer hält Einzug im obersten Puschlav. Die Schneereste an den schroffen Hängen der Scima da Rügiul und am Piz dal Teo schmelzen, die Lärchen am Lagh da Saoseo präsentieren ihr frischgrünes Nadelkleid.

VERFLOSSENE PRACHT
Wenn die Gletscher schmelzen. Besonders augenfällig zeigt sich am Rhonegletscher, wie viel an Masse in den letzten hundert Jahren verloren ging. Und auch die Firnhaube am Galenstock zeigt bereits Löcher.

EINE FLUSSSCHLEIFE
Unterhalb von Ilanz hat sich der Vorderrhein seinen Lauf durch das gewaltige Flimser Bergsturzgelände gegraben. Dabei ist die bizarre Schluchtlandschaft der Ruinaulta entstanden.

WENN DIE GLETSCHER STERBEN

Die Desoria saltans lebt bevorzugt am oder im Eis, ist gerade mal zwei Millimeter groß und kann mehrere Jahre alt werden. Erstaunlich! Am liebsten sind dem Gletscherfloh Temperaturen um den Gefrierpunkt; bei mehr als 10 Grad Celsius wird es kritisch für ihn, da sollte er sich in kühlere Gegenden verziehen. So gesehen, ist auch er vom Klimawandel betroffen, aber wenigstens kann der Floh den steigenden Temperaturen ausweichen. Im Gegensatz zu den Gletschern, die an

Das Ende des Lebens auf unserem Planeten ist vorstellbar geworden. Die Schöpfung stirbt langsam.

Siegfried Lenz (1926–2014)

Steilhängen kleben oder Talmulden ausfüllen. Ihnen setzt die Wärme mächtig zu. Und das gleich in mehrfacher Hinsicht. Nicht nur, dass sich die Eisströme zurückziehen, sie verlieren auch sichtbar an Masse, wie man an der Pasterze, am Rhone- oder am Steingletscher beispielhaft beobachten kann. Darüber hinaus führt der Anstieg der Frostgrenze zu mehr Murenabgängen. Das dunkle Geröll auf dem Eis reflektiert Sonnenlicht nur zu einem geringen Teil, es erwärmt sich und verstärkt dadurch den Abschmelzprozess weiter.

Auf lange Sicht könnte das Verschwinden der großen Alpengletscher verheerende Auswirkungen auf den Wasserhaushalt haben, ist das in den Bergen gespeicherte Eis doch die größte Süßwasserreserve Europas. Der Bodensee liefert über fünf Millionen Menschen der Region Trinkwasser, Großstädte wie München und Wien versorgen sich fast ausschließlich über Quellwasser aus den Alpen, das an der Mangfall und im Hochschwabmassiv gefasst wird. Und für die Landwirtschaft am Südalpenrand ist das Schmelzwasser in den heißen, aber regenarmen Sommermonaten sogar von existenzieller Bedeutung. Und der Gletscherfloh? Hockt auf einem kümmerlichen Eisrest am Jungfraujoch, während Touristen über Kunstschnee spazieren und sich von ihrem Guide von der »guten alten Zeit« erzählen lassen, als der Aletsch fast 25 Kilometer lang war und bis zu sagenhafte 1000 Meter dick.

WELT AUF DEM RÜCKZUG

Vor 25 Jahren hing die Zunge des Steingletschers noch in den Steinsee. Inzwischen hat er sich fast einen Kilometer weit zurückgezogen. Eisige Welt – sterbende Welt?

WOLKENMEER

Verschattete Bergflanken, leuchtende Wolken und ein endlos weiter Horizont: ein Spätnachmittag im Alpstein. Der Schäfler (1925 m) gilt als einer der schönsten Aussichtspunkte in den Appenzeller Bergen.

NATUR, UNBERÜHRTE

Könnten die Alpen doch selbst ihr Unwort des Jahres wählen! Es hieße (vielleicht): unberührt. Das Adjektiv hat in jedem Hochglanzprospekt seinen Auftritt, es wird überall eingesetzt, wo »Berge sich erheben«, wo Besucher angelockt werden sollen, in Zermatt wie in Berchtesgaden. Kein Winkel der Alpen ist vor ihm sicher, keine Skiregion und kein total verbautes Tal. Unberührt. Das Lügenwort schlechthin, missbraucht von einem Industriezweig, der ganze Landstriche umbaut, um sie anschließend als unberührt, als natürlich zu vermarkten.

Alles, was gegen die Natur ist, hat auf Dauer keinen Bestand.

Charles Darwin (1809–1882)

Seit Jahrtausenden ist der Mensch in den Alpen unterwegs. Zunächst durchstreifte er als Nomade die Täler, dann wurde er sesshaft, baute Nahrung an, ließ das Vieh weiden. Aus schmalen Pfaden wurden Wege, dann Straßen, bis die Natur zum Kapital mutierte, das Reisen eine Angelegenheit der Massen wurde. Seilbahnen auf die höchsten Gipfel, planierte Pisten für den Winter, Unterkünfte für alle, die da kommen, Transitschneisen durchs Gebirge, Wellness, Fun und noch größerer Blödsinn. Und dann reist Lieschen Müller in die »unberührte« Alpenlandschaft, fühlt sich auf dem Premium-Wanderweg eins mit der Natur. Auf der Alm serviert ein »Madl« aus der Slowakei oder aus Thailand Speck, dazu kuhwarme Milch aus dem Tetrapack. Und wenn die Sonne scheint, die schönen Berge still Parade stehen, und der Enzian, der blaue, in der Wiese steht, lässt sich die Illusion, die herbeigesehnte, nicht so leicht vertreiben.

Aber unberührt? Ein Traum, und einer mit zwei Seiten. Er beweist, dass wir uns alle nach dem Echten und Unverfälschten sehnen, macht aber auch deutlich, wie weit unser Alltag sich mittlerweile davon entfernt hat. So sind die Alpen zur Projektionsfläche für die unerfüllten Wünsche eines fremdbestimmten Lebens geworden. Doch ganz ehrlich: Ist die Freiheit, die wir meinen, nicht bloß eine hübsche Illusion wie die von der unberührten Natur?

EISWELT

Mitten ins Herz der Berner Alpen führt der Weg zur Glecksteinhütte. Fels und Eis, Letzteres im Klimawandel schwindend. Dafür hält das felsige Schreckhorn tapfer seine vermessene Höhe: 4078 Meter.

ALPENGLÜHEN

Die tief stehende Sonne überzieht die Felsen des Culan (2789 m) in den Teufelsbergen (Les Diablerets) mit einem rötlichen Schimmer. Auf den Almen am Col de la Croix ist es bereits Abend.

WASSERARBEIT

Bei Lavertezzo hat die Verzasca in Jahrtausenden fantastische Formen aus dem harten Gneis modelliert. Im Sommer sind die Felsen bei der Ponte dei Salti beliebte Badeplätze.

SILS MARIA

Hier saß ich, wartend, wartend, doch auf Nichts,
Jenseits von Gut und Böse, bald des Lichts
Genießend, bald des Schattens, ganz nur Spiel,
Ganz See, ganz Mittag, ganz Zeit ohne Ziel.
Da plötzlich, Freundin! – wurde Eins zu Zwei
Und Zarathustra ging an mir vorbei …

Friedrich Nietzsche (1844–1900)

Friedrich Nietzsche verbrachte sieben Sommer zwischen 1881 und 1889 in Sils Maria, im Haus des damaligen Gemeindepräsidenten Gian Rudolf Durisch. Klima wie Landschaft passten dem »Hammerphilosophen« (so nannte er sich selbst); er war viel zu Fuß unterwegs, schrieb in der Zeit unter anderem die wichtigsten Kapitel seines »Zarathustra«.

OBERENGADIN: SEEN UND BERGE

Einmalig in den Alpen: die Oberengadiner Seen, von St. Moritz bis zum Malojapass aufgereiht wie die Perlen einer Kette. Über dem Nordufer des Silsersees ragen schroffe Gipfel auf, die im Piz Lagrev kulminieren.

UNGEBÄNDIGT – GEZÄHMT

Rund 110 Meter weit stürzen die Wasser der Calnegia oberhalb von Foroglio über eine Felsstufe herab: wilde Natur. Ganz oben im Val Bavona wird das Wasser gezähmt, in Rohrleitungen gezwängt: Strom für das ferne Zürich.

BAUKUNST

Sie sind ein Wahrzeichen des Ticino: die Rustici aus unverputzten Bruchsteinen, tausendfach einzigartig. Wie die Hütten von Larèchia, hoch über dem Graben des Val Bavona und nur zu Fuß erreichbar.

ZEITZEUGE I

Wie alt mag sie wohl sein, die mächtige Buche am Weg zur Alm von Larèchia? Vielleicht spendete ihr Blätterdach bereits Schatten, als die erste Eisenbahnlinie der Schweiz, die Spanisch-Brötli-Bahn, ihren Betrieb aufnahm (1847).

ZEITZEUGE II

Die Klamm von La Breggia im Mendrisiotto ist ein offenes Buch der Erdgeschichte. Hier sind verschiedene Gesteinsschichten aufgeschlossen; die ältesten sind beinahe 200 Millionen Jahre alt (interessanter Lehrpfad).

HUNGERALPEN

Die Täler des Sopraceneri, des nördlichen Tessins, haben ihr ganz eigenes Profil, sie sind steiler als anderswo, von Felsmauern flankiert, die so schroff aufragen, dass man fast Angst um die Dörfer und Weiler im engen Talgrund haben muss. Kaum irgendwo manifestiert sich das so großartig-beklemmend wie im Val Bavona, einem Nebenarm des Maggiatals. Hier gibt es vor allem eines: Steine. Und eines nicht: Wohlstand. Die Menschen lebten von dem wenigen, was die Scholle hergab,

Schwer drückt ein voller Beutel, schwerer ein leerer.

Friedrich Haug (1761–1829)

auch zu Zeiten noch, als drunten am Lago Maggiore der Tourismus bereits seine erste Blütezeit erlebte, Hotels entstanden und Spinner aus der halben Welt auf dem Monte Verità ihren Utopien von einer neuen Welt nachlebten. Eine Tagreise (zu Fuß) weiter nördlich nahm das Leben seinen ewig gleichen Lauf, von Armut und Entbehrungen geprägt. Fortschritt, so es ihn dann überhaupt gab, war da ganz wörtlich zu verstehen: weggehen, nach Italien, manchmal sogar in die USA. Im Winter, wenn die Not am ärgsten war, verdingten viele Familien ihre acht- bis zwölfjährigen Buben als »Spazzacamini« nach Italien. Sie hatten Kamine zu säubern, mussten dabei durch die rußigen Schlote hinaufklettern – Kaminfegerkinder.

Klettern mussten im Val Bavona auch Schafe und Ziegen, um in ihre Sommerfrische zu gelangen. »Alpi della fame« – Hungeralpen – hießen die kargen, steinigen Grünflecken hoch über dem Tal, die oft nur über halsbrecherische Pfade erreichbar waren. Die meisten von ihnen sind mittlerweile verfallen, manche auch kaum mehr aufzufinden. Dafür hat das Tal eine gute Straße; elektrischen Strom gibt's in den Weilern allerdings auch heute noch nicht, trotz der Stauseen im Quellgebiet der Bavona. Die sorgen wenigstens dafür, dass im fernen Zürich die Lichter nicht ausgehen ...

KEINE IDYLLE

Das Val Bavona ist eines jener Täler des Sopraceneri, das uns mit seiner wilden Schönheit verzaubert, den Bewohnern, Bauern und Jägern aber vor allem eines zuverlässig bescherte: Armut.

WANDERER

»Niemand hat dich mehr geliebt als ich, niemand hat dir jemals so viel Macht über sich eingeräumt wie ich, unbedingte Macht. Aber ich bin zur Untreue verdammt. Ich gehöre zu den Windbeuteln, welche nicht eine Frau, sondern nur die Liebe lieben.
Wir Wanderer sind alle so beschaffen. Unser Wandertrieb und Vagabundentum ist zu einem großen Teil Liebe, Erotik. Die Reiseromantik ist zur Hälfte nichts anders als Erwartung des Abenteuers. Zur andern Hälfte aber ist sie unbewußter Trieb, das Erotische zu verwandeln und aufzulösen. Wir Wanderer sind darin geübt, Liebeswünsche gerade um ihrer Unerfüllbarkeit willen zu hegen, und jene Liebe, welche eigentlich dem Weib gehörte, spielend zu verteilen an Dorf und Berg, See und Schlucht, an die Kinder am Weg, den Bettler an der Brücke, das Rind auf der Weide, den Vogel, den Schmetterling. Wir lösen die Liebe vom Gegenstand, die Liebe selbst ist uns genug, ebenso wie wir im Wandern nicht das Ziel suchen, sondern nur den Genuß des Wanderns selbst, das Unterwegssein.
Junge Frau mit dem frischen Gesicht, ich will deinen Namen nicht wissen. Meine Liebe zu dir will ich nicht hegen und mästen. Du bist nicht das Ziel meiner Liebe, sondern ihr Antrieb. Ich schenke diese Liebe weg, an die Blumen am Weg, an den Sonnenblitz im Weinglas, an die rote Zwiebel des Kirchturms. Du machst, dass ich in die Welt verliebt bin.«

»Wanderung« (1920), Hermann Hesse (1877–1962)

ABENDDÄMMERUNG

Ein Tag vergeht. Letzte Sonnenstrahlen tauchen die Gipfelfelsen in ein zartes Licht, in den Tälern ist es schon länger schattig. Ruhe kehrt ein in Graubünden, dem »Land der 150 Täler«.

PUSCHLAVER BERGPARADIES

Das Val da Camp, würde man meinen, sei eine halbe Weltreise vom St. Moritzer Jetset entfernt. Dabei liegen gerade mal 25 Kilometer Luftlinie zwischen dem teuersten Pflaster Graubündens und der Naturidylle.

ZWISCHEN HIMMEL UND ERDE
Scheinbar schwerelos schwimmen die bewaldeten Hügelrücken des Appenzeller Voralpenlandes in dem von der tief stehenden Sonne beleuchteten Nebelmeer. Darunter liegt verschattet unsere Alltagswelt.

DIE BAYERISCHEN ALPEN

MEHR ALS NUR EINE RANDERSCHEINUNG

Wer in München den Olympiaturm besucht und von einer der Aussichtsplattformen – immerhin rund 190 Meter über dem Boden – nach Süden blickt, hat sie bei gutem Wetter direkt vor sich: die Bayerischen Alpen, vom Allgäu im Südwesten bis zu den Berchtesgadenern im Südosten. Eine Berglandschaft, der es zwar, bedingt durch die Alpenrandlage, etwas an Tiefe fehlt, nicht aber an Kontrasten. Mal wirkt sie lieblich, dann wieder beeindruckend wild. Ihr höchster Gipfel ist die Zugspitze, deren vergoldetes Kreuz fast schon an der 3000er-Höhenmarke kratzt; monumental auch der Watzmann (2713 m) mit seiner Riesenwand – 1800 Meter hoch! –, die in den Ostalpen ihresgleichen sucht. Und dann sind da die Seen, am Alpenrand aufgereiht wie Perlen an einer Schnur, vom Königssee über den Chiemsee, Schliersee und Tegernsee bis zu Kochel- und Walchensee sowie dem Staffelsee – Idylle pur.

Die Bayerischen Alpen reichen vom oberen Ende des Bodensees bis vor die Tore Salzburgs, man könnte auch sagen, von einer Festspielstadt (Bregenz) zur anderen. In den Tälern (und manchmal auch auf den Höhen) dazwischen wird in der Regel eine andere, volksnähere Musik gespielt als in diesen Tempeln der Klassik, und auch die Garderobe ist da eine ganz andere. Einer, der auf seine eigene Weise beides verbunden hat, das Bergerlebnis und die Kunst, war ein berühmter Komponist, in München geboren, den Bergen stets verbunden: Richard Strauss. Wer's nicht glaubt, höre sich seine Alpensymphonie an, zu der der junge Strauss durch eine Wanderung auf den Heimgarten inspiriert wurde. Als 50-Jähriger erst vollendete er in Garmisch-Partenkirchen die symphonische Dichtung; uraufgeführt wurde sie am 28. Oktober 1915 in Berlin, am Dirigentenpult stand der Komponist.

Fast auf den Tag 100 Jahre später. Die Nacht weicht langsam, wie halt spät im Jahr, die Herzogstandbahn hat ihren Betrieb noch nicht aufgenommen, der Parkplatz ist leer. Schuhe schnüren, Rucksack geschultert – und los geht's. Ich kenne den Weg, bin ihn schon oft gegangen. In vielen Kehren windet sich die schmale Spur über die licht bewaldete Südflanke des Fahrenbergkopfes hinan, dabei immer mal wieder Tiefblicke auf den Walchensee und sein kleines Inselchen bietend. Oberhalb vom Tanneneck biegt der Weg um in den Wassergraben. Mehr flach als steigend geht's in den hintersten Winkel, wo tatsächlich ein Wässerchen zwischen den Felsen herabsprudelt. Dann steigt der Pfad weiter im Links-rechts-Takt an zum Herzogstandhaus. Da ist es mit der Morgenruhe dann vorbei, die Seilbahn schaufelt ihre Kundschaft in vier Minuten 800 Meter hoch hinauf und entlässt sie auf die Promenade hinüber zur Einkehr. Wir haben zwei Stunden gebraucht und sind dabei auch ein wenig ins Schwitzen gekommen. Der Sommer ist zwar vorbei, der Klimawandel dafür in vollem Gang. Meteorologen registrieren laufend neue Rekorde; wir haben uns

GESPIEGELTE LICHTSPIELE

Traum und Wirklichkeit verschwimmen, aus dem Hintersee wird ein Spiegel, der das Sonnenlicht reflektiert. Die Natur – eine begnadete Künstlerin – schafft zeitlose Schönheit.

Nur wo du zu Fuß warst,
bist du auch wirklich gewesen.

Johann Wolfgang von Goethe (1749–1832)

über ein paar blühende Frühlings-Enziane am Weg gewundert (Anfang Oktober!). Welt im Wandel?

König Max II. von Bayern hätte das bestimmt so gesehen, und nicht nur der gestiegenen Temperaturen wegen. Er kannte die Gegend gut, allerdings nicht von seiner großen Bayern-Bergreise, die er im (ziemlich verregneten) Sommer 1848 unternahm, um Land und Leute besser kennenzulernen, gewissermaßen als Regent zum Anfassen. Er ließ in den 1850er-Jahren den Reitweg zum Herzogstand und eine erste Jagdhütte errichten. Sein Sohn, der unglückliche Ludwig II., hielt es – als romantisches Gemüt allem Schönen zugewandt – weniger mit der Jagd als mit der prächtigen Aussicht, die man von den Höhen über dem Kesselberg genießt. Auf sein Geheiß wurden auf dem Fahrenbergkopf, am Martinskopf und auf dem Herzogstand drei hölzerne Pavillons als Aussichtswarten errichtet, alle auf guten Wegen erreichbar. Erhalten blieb lediglich jener am höchsten Punkt des Bergstocks – ein beliebtes Ziel für all jene, die Bergluft gern genießen, aber bitte ohne größere Verrenkungen.

Wir lassen den Pavillon und seine vielen Besucher an diesem Herbsttag zurück und nehmen den Gratweg hinüber zum Heimgarten unter die Füße. Ein schon recht betagtes Schild am Herzogstand warnt Ungeübte davor, sich alpinen Gefahren auszusetzen, und weil es vom Alpenverein da platziert wurde, kommt ihm beinahe amtlicher Charakter zu. So sind wir fast allein mit der herrlichen Aussicht und den packenden Tiefblicken zum Kochelsee. Der finale Anstieg zum Heimgarten sorgt dann dafür, dass die Halbe am Heimgartenhüttl auch wirklich schmeckt. Ein Gewitter droht keines, wie damals, als der junge Richard Strauss hier unterwegs war, nur ein laues Lüftchen weht von Süden heran und rückt die Dreitausender des Alpenhauptkamms etwas näher heran. Im Südwesten ist ein Gipfel absoluter Blickfang: die Zugspitze, ein Fast-Dreitausender und Bayerns höchster Berg.

Die Zugspitze – ein Berg der Superlative. Sie zieht nicht nur die Massen in ihren Bann, sondern auch allerlei Spinner und Rekordsüchtige. Noch bevor es hier eine Bergbahn gab, wurde der Berg bereits aus der Luft angesteuert. Die Landung im März 1922 fiel allerdings eher unsanft aus; das recht klapperige Fluggerät musste erst einmal repariert werden, bevor (nach einer Woche!) Hauptmann Franz Hailer den Rückflug antreten konnte. Noch abgedrehter: 2009 »wanderte« der Schweizer Artist Freddy Nock auf dem 995 Meter langen Tragseil der Gletscherbahn zum Gipfel.

Wir bleiben am Boden. Ein letzter Blick zur Zugspitze, dann geht's über den Südhang des Heimgartens talwärts. Der Himmel prunkt mit tiefem Blau, die Bäume zeigen hundert Farbnuancen – was für ein herrliches Bild! Dazu das leise Rascheln der herbstbraunen Blätter im Wald – fast wie eine Melodie, eine Alpenmelodie …

FELS UND WASSER
Tief ins harte Kalkgestein hat sich in vielen Jahrtausenden der Hammersbach gegraben. Entstanden ist die Höllentalklamm, eine der spektakulärsten Schluchten der Bayerischen Alpen, hautnah zu erleben auf einem gesicherten Steig.

INSELSEE

Idylle in den grünen Allgäuer Alpen. Was man dabei nicht (mehr) sieht: Der Schrecksee wurde in den 1950er-Jahren zur Stromgewinnung um acht Meter hochgestaut, wodurch sich sein Halbinselchen in eine Insel verwandelte.

MOOS'GE STEINE

Das Plätschern und Gurgeln des Wassers, das beruhigende Moosgrün, die Geräusche des Waldes – hier fühlt sich der Mensch geborgen, beschützt.

DIE WILDEN

Die Wilden – Großer, Mittlerer und Kleiner sowie Höllhörner – stehen im Hauptkamm der Allgäuer Alpen; sie bilden den Abschluss des Oytals. Ihr Name leitet sich vom Begriff Wildnis ab – kein »Wilder« oder gar Wilderer also weit und breit.

DER GRÜNE EDELWEISSBERG

Die Höfats ist ein Unikum: schön anzusehen, aber aus brüchigem Gestein, im Sommer bis zum Gipfel mit Blumen übersät. Der »steilste Grasberg der Alpen« ist berühmt für seine Edelweißbestände.

WINTERZAUBER

Im Winter zieht sich der Aggenstein (1986 m) einen dicken weißen Mantel über. Und dann sieht er mit einem Mal aus wie ein richtig großer Berg.

FELS, WALD UND WIESEN

Die Ostrach, am Fuß des Hochvogels entspringend, durchläuft das Hintersteiner Tal und biegt bei Hindelang nach Westen ab: von den schroffen Felsen hinunter und hinaus durch Wald und Wiesen.

WALCHENSEE

Stattliche 16,4 Quadratkilometer groß ist der Walchensee. Vor seinem Ostufer schwimmt eine kleine Insel, die Sassau; am südlichen Horizont bauen sich die Karwendelketten auf.

WALDLEBEN

Der Wald ist Leben, in vielfältigster Weise. Hier sind nicht nur Reh und Hirsch, Birkhuhn und Wiesel zuhause, hier wimmelt es buchstäblich von Tieren, auch den winzigsten. Ein toter Baum, verrottend, ernährt vielerlei Insekten; in seinem Wurzelwerk legen die selten gewordenen Hirschkäfer ihre Eier ab. Das Millionenheer der Ameisen ist am Waldboden und an den Bäumen unterwegs. Schmetterlinge gaukeln über Waldlichtungen, der Kuckuck zählt bis 13 und irgendwo klopft ein

Wer gelernt hat, Bäumen zuzuhören,
begehrt nichts zu sein als was er ist.

Hermann Hesse (1877–1962)

Specht. Er hat's auch auf die Borkenkäfer abgesehen, die ihre Brutgänge zwischen Holz und Rinde anlegen.

Eine prächtige Weinbergschnecke ist gerade dabei, im Zeitlupentempo einen Felsblock zu ersteigen. Sie trägt ein filigran gezeichnetes Gehäuse in der Form einer rechtsgängigen Spirale, und bald wird sie sich übers Grünzeug hermachen, um es mit ihrer Raspelzunge, die mit Tausenden von winzigen Zähnchen besetzt ist, abzuernten.

Manche Bäume werden ein paar Hundert Jahre alt, wenn kein Sturm sie fällt, keine Motorsäge sie umfräst. Und sie altern fast wie Menschen, in ihrer »Jugend« schlank und gerade gewachsen, bekommen sie mit der Zeit Runzeln, manche werden dick und krumm, ihre Kronen lichten sich zunehmend. Dafür entwickeln sie Persönlichkeit, jeder alte Baum ist ein Unikat, keiner wie der andere, in ihren Ringen sind schlechte Jahre, Trockenzeiten und feuchte Sommer gespeichert, unter seiner Haut hat der Holzbock genistet; der Baum hat den Kahlfraß der Wickler überstanden, und der Tannenhäher war so freundlich (ohne es zu wollen), für Nachwuchs zu sorgen.

Ein Eichhörnchen turnt im Geäst, hoch über mir und ganz schwindelfrei, irgendwo krächzt ein Rabe, und unter meinen Füßen, im dicken Humusboden, krabbelt, frisst und stirbt es gerade millionenfach. Waldleben.

BERGFRÜHLING

Es grünt in den Bayerischen Alpen, der Schnee auf Gipfeln und in schattigen Karmulden schmilzt dahin, Wasser sprudelt, stürzt über kleine und größere Felsstufen.

ES GIBT IMMER WAS ZU SEHEN

Kann sein, dass jemand, den ich sehr liebe, mal eine Blume neben dem Weg oder den Frosch im Gras übersieht, allerdings selten. Ich schaue lieber ins Weite, suche im Gelände oder am Horizont eine Scharte, unseren Weiterweg, eine Berghütte, das Gipfelziel. Dafür stolpere ich hin und wieder, möglicherweise auch, weil mein Sehen gelegentlich in ein Sinnieren übergeht und mich – buchstäblich! – vom richtigen Pfad abkommen lässt. Nichts passiert.

Man sieht oft etwas hundert Mal, tausend Mal,
ehe man es zum allerersten Mal wirklich sieht.

Christian Morgenstern (1871–1914)

Es gibt viele verschiedene Arten des Sehens – oder des Nichtsehens. Der Jäger, mein genetischer Urahn, guckt vor allem auf Bewegliches: Angreifer oder Opfer? Hildegards Auge streift über tausend kleine Schönheiten; der Bergläufer, an seinem persönlichen Limit unterwegs, sieht eher wenig. Ich kenn das vom Radeln, beim Sport wirst du leicht zu einem Gefangenen deines Ehrgeizes, kämpfst mit den Serpentinen des Asphaltbandes: nur weiter, den Rhythmus halten, nicht nachlassen! Wandern gerät mir manchmal zum meditativen Erlebnis. Der gleichmäßige Takt der Bewegungen, fließend fast und ohne Hast, stimuliert meine Gedankenwelt. Manche Bilder, die unterwegs an mir vorbeiziehen, wecken Erinnerungen. Der Felszahn da drüben am Grat, er sieht irgendwie aus wie der Castelletto superiore in der Brenta, an dem ich vor vielen Jahren herumgekraxelt bin. Kann es sein, dass Berge auch Verwandte haben wie wir? Das »obere Schlösschen« und der namenlose Zacken an meinem Weg sind sich in den Jahrmillionen ihres »Lebens« zwar nie nahegekommen, aber – was für ein hübscher Gedanke! – nun indirekt miteinander verbunden: Ich bin ihnen beiden begegnet. Vielleicht, denkt der Mystiker in mir, ist ja ohnehin alles mit allem verbunden; Menschen, die sich nicht kennen und Berge, die sich nie gesehen haben.

ABENDSONNE
Die letzten Sonnenstrahlen überziehen den Graben des Gaisalpbachs in den Allgäuer Alpen mit ihrem rötlichen Licht und erzeugen dabei eine ganz besondere, fast mystische Stimmung.

MILCH UND MILCHSTRASSE

Will man der griechischen Mythologie glauben, handelt es sich bei der Milchstraße um einen Spritzer göttlicher Muttermilch. Der Bauer in Birgsau weiß es besser; noch in der Nacht melkt er seine Kühe.

KÖNIGSSCHLÖSSER

Stein über Stein: Neuschwanstein, Ludwigs Märchenschloss, und Hohenschwangau, das sein Vater, Maximilian II., umbauen ließ. Darüber thronen die Felsgipfel der Tannheimer Berge (links Gehrenspitze, Köllespitz).

WINTERSONNE

Erst spät taucht die Sonne im Winter am südöstlichen Horizont über den Gipfeln des Karwendels auf. Ein markanter Gipfel im Panorama des Auerberges ist der schroffe Säuling.

EIN BERGSTURZSEE

Wie viele andere Alpenseen verdankt auch der Hintersee im Berchtesgadener Land seine Entstehung einem Bergsturz. Im Wasser spiegelt sich das Hochkaltermassiv mit der schroffen Schärtenspitze.

WOLKENFÄNGER

Wenn der Westwind übers Land bläst, ist kein gutes Bergwetter. Der Watzmann setzt sich eine Wolkenmütze auf; die Schönfeldspitze, schönster Gipfel des Steinernen Meeres, schaut zu.

HERBSTZAUBER

Wenn die Blätter fallen. Bunter Herbst im Berchtesgadener Land: Auf den Gipfeln liegt bereits der erste Schnee, die Sonne steht tief und verzaubert den Wald mit ihrem Licht- und Schattenspiel.

ALPENSEEN

Was wären die Alpen ohne ihre Seen? Ohne die kleinen und großen Wasserwunder, jedes ein Unikat, mal lieblich, zum flachen Land hin offen, mal von Felsen umstellt. Manche sind zu Hotspots des Tourismus geworden, andere fristen ein stilles, von den Menschen fast unbemerktes Dasein in den Hochalpen. Sie speisen unzählige Rinnsale und Bäche, liefern Trinkwasser für Millionen. So mancher See wird von unterirdischen Quellen genährt, wie der Eibsee, der auch keinen ober-

Das vornehmste Element ist das Wasser.

Pindar (518–446 v. Chr.)

irdischen Abfluss hat. Die Eiszeitgletscher haben am Alpenrand tiefe Mulden zurückgelassen, die nach dem Rückzug des Eises mit Wasser vollliefen. Der Zürichsee, der Starnberger See, die Seen des Salzkammerguts sind so entstanden, wie auch der Lago Maggiore und der Comer See am Südalpenrand. Gleich sieben Bergseen reihen sich unterm Triglav in einer Talmulde aneinander, und am Ostabfall des Presanella-Massivs liegt ein Seeauge neben dem andern. Nach heißen Sommern ist mancher Bergsee nur noch eine seichte Pfütze, schrumpft etwa der Dürrensee auf weniger als die Hälfte seiner Fläche zusammen.

Seen gibt es auch im Inneren der Berge, sogar solche, die noch nie eines Menschen Auge gesehen hat: Höhlenseen. Im Wallis, unweit von Sion, kann man auf einem unterirdischen See Boot fahren. Das Gewässer, seit 1949 zugänglich, hat immerhin eine Fläche von 6000 Quadratmetern; damit ist der Lac Souterrain de Saint-Léonard der größte bekannte Unterweltsee Europas.

Als tiefster Alpensee gilt der Lago di Como mit gemessenen 425 Metern bis zum Grund; seine Uferlänge beläuft sich, bedingt durch die kuriose Y-Form, auf 170 Kilometer. Damit übertrifft er den aus sieben Becken zusammengesetzten Vierwaldstättersee in der Zentralschweiz knapp.

Was für eine Vielfalt! Am Lago Maggiore blüht eine subtropische Vegetation, im Gaulisee schwimmen noch im Hochsommer Eisbrocken.

KLEINER SEE VOR GROSSEN BERGEN

Mit seinen unverbauten, teilweise moorigen Ufern ist der Barmsee eine echte Idylle. Von seinem Nordufer bietet sich ein schöner Blick auf die Karwendelgipfel: Wörner, Tiefkarspitze, Westliche Karwendelspitze.

WASSER-SPIEGEL

Wolken des Spätnachmittags spiegeln sich im stillen Wasser des Unteren Gaisalpsees. Er liegt in einer licht bewaldeten Karmulde östlich unter dem schroffen Rubihorn. Am Horizont die Nagelfluhkette.

DAS GEISTERSCHIFF

Vor der gewalt gen Kulisse des Zugspitzmassivs segelt ein Geisterschiff – der fliegende Holländer? – über den Eibsee. Im Wasser spiegeln sich die von der untergehenden Sonne rosa bemalten Felsen.

GESPENSTISCH

Eigentlich ist der gerade 10 Hektar große Geroldsee ein freundliches Moorgewässer, das im Sommer zum Baden einlädt. Doch wer möchte ins Wasser steigen, wenn düstere Morgennebel ihn verschatten?

GERÖLLWÜSTE

Dass Bergbäche nicht nur Wasser führen, lässt sich exemplarisch am Friedergrieß beobachten, einem mächtigen Gerölldelta, gespeist vom gleichnamigen Bach. Sterben musste dafür der Bergwald.

DES KÖNIGS SEE

Wie ein Fjord liegt der Königssee zwischen den schroffen Bergmassiven des Watzmanns und des Hohen Göll. Einziges Verkehrsmittel: das Schiff, und per Schiff reisen auch die Kühe zu ihrer alljährlichen Sommerfrische.

INSELN, GESPIEGELT

Nicht weniger als acht Inselchen reihen sich am Nordufer des Eibsees aneinander, Relikte eines gewaltigen Bergsturzes aus der Nordflanke der Zugspitze vor rund 3500 Jahren.

TIROL UND VORARLBERG

DAS HERZ DER OSTALPEN

Wo schlägt das alpine Herz Tirols? In Innsbruck, der Landeshauptstadt, die im Kreuzungspunkt uralter Verkehrswege liegt, überragt von der Nordkette und dem eleganten Mittagszeiger der Serles? Oder in Sölden, wo die größten Umsätze des Tirol-Tourismus gemacht werden? Vielleicht in Kitzbühel, dem Dorf mit der höchsten Promidichte, das jeweils im Januar zur großen Mutprobe an der Streif lädt?

Tirol ist eine Erfolgsstory, und an ihr ist der Bergtourismus maßgeblich beteiligt. Einer der ersten, die erkannten, dass im Fremdenverkehr das Potenzial schlummerte, etwas Wohlstand in die mausarmen Alpentäler zu bringen, war Franz Senn, der von 1860 bis 1872 als Seelsorger in dem Bergnest Vent wirkte. Seine Leidenschaft gehörte den Bergen, bald war er weitum als Gletscherpfarrer bekannt, der sich energisch für eine touristische Erschließung einsetzte. Er initiierte den Bau von Wegen und Unterkunftshäusern, war Mitbegründer des Deutschen Alpenvereins und Erstbesteiger mehrerer Gipfel in den Ötztaler Alpen. Der 3398 Meter hohe Sennkogel ist nach ihm benannt. Vent – das alpine Herz Tirols?

Vent liegt mitten in den Ötztaler Alpen, an jenen uralten Pfaden, die heute noch zweimal im Jahr von den großen Schnalser Schaftrecks genommen werden. Auch Ötzi, der Mann aus dem Eis, war hier unterwegs, wohl auf dem Weg ins Ötztal – vor etwa 5300 Jahren. Er hat sich bestimmt nicht als Alpinist gefühlt, er war halt unterwegs, aus welchen Motiven auch immer. Das Bergsteigen als Selbstzweck ist eine vergleichsweise neue »Erfindung«, die ihre Wurzeln in einer veränderten Sicht auf die Natur hat. Der große Run auf die Alpengipfel setzte um die Mitte des 19. Jahrhunderts ein; bereits 1840 wurde der höchste Ötztaler Gipfel, die Wildspitze (3768 m), erstiegen. Eine ausführliche Beschreibung seiner eigenen Besteigung hinterließ Anton von Ruthner (1862): »Da nun unsere Richtung eine schräg aufwärts gerichtete war, so musste der Fuss desshalb unnatürlich gebogen werden, um mit der ganzen Breite der Sohle auf den Abhang treten, und dadurch nicht bloss die Zacken der Steigeisen auf der der Wand zugekehrten Seite des Fusses, sondern auch die auswärts befindlichen benützen zu können. Mit dieser Art des Auftretens jedoch war die Sicherheit des Trittes verloren. Und so ging es quer über die 40–50 Grad geneigte Eiswand hinan mit stetem Hinabblicke in die mit weitklaffenden Eisklüften erfüllte Tiefe und mit der Ueberzeugung, dass man bei einem Ausgleiten unaufhaltbar verloren sei.«

Die Besteigung gelang trotz aller Gefahren; die Aussicht vom Gipfel muss makellos gewesen sein, lässt sich Herr von Ruthner – Wissenschaftler, der er ist – doch in seinem Bericht in den »Mitteilungen der kaiserlich-königlichen geographischen Gesellschaft« sehr ausführlich über das Panorama aus. Dabei stellt er fest: »Den Montblanc sieht man

WO DER LECH ENTSPRINGT

Ein Name als Programm: Im Lechquellengebirge entspringt der Lech, einer der letzten Wildflüsse der Alpen. Allerdings, wild ist er nur bis zur bayerischen Grenze bei Füssen – dann folgt eine Staustufe nach der anderen.

Der Glaube versetzt Berge,
der Zweifel erklettert sie.

Karl Heinrich Waggerl (1897–1973)

entschieden von der Wildspitze nicht. Ich hege jedoch dieselbe Ueberzeugung bezüglich des M. Rosa.« Recht hat er!

Viel zu sehen gab es natürlich trotzdem, bei dem idealen Wetter. »Das Thermometer stand beständig auf + 8° R. Bei warmem Sonnenscheine war der Windzug fast unbemerkbar, und die Luft hatte eine solche Reinheit, dass in dem weiten Raume von der Salzburger- und Kärnthnergrenze bis an jene der Lombardie und zum Berner-Oberlande, dann vom Bodensee und von der bairischen Ebene bis zu jener des Venetianischen, durch 1 ¼ Stunde nicht eine einzige Wolke, nicht ein einziger Nebelstreifen am Himmel schwebte, obgleich es nahezu Mittag war.«

Das Panorama von der Wildspitze ist eines der schönsten in Tirol. Es reicht in alle Himmelsrichtungen bis mindestens an die Landesgrenzen, umfasst sämtliche größeren Gebirgsgruppen. Im Westen zeigen sich die höchsten Gipfel der Silvretta (Fluchthorn, 3399 m), rechts davon Patteriol, Kuchenspitze und – sehr markant – der Hohe Riffler, alle im Verwall; weiter im Nordwesten Lechtaler und Allgäuer Alpen, im Norden die Zugspitze, im Uhrzeigersinn anschließend die Stubaier Alpen mit reichlich Gletschereis, dahinter die Karwendelketten, dann Tuxer und Zillertaler Alpen. Mehr zu erahnen als wirklich zu sehen ist das liebste Kletterrevier der Münchner, das sich fast vollständig hinter den Tuxer Höhenzügen versteckt: der Wilde Kaiser.

Totenkirchl, Fleischbank, Predigtstuhl, Kopftörlgrat – an diesen Wänden und Graten wurde Alpingeschichte geschrieben, um sie ranken sich wilde Geschichten und allerlei Legenden. Hier hinterließen die Brüder Schlagintweit, der blutjunge Georg Winkler, Paul Preuß, Hans Dülfer und viele andere ihre Spuren. So streift die 1913 von Hans Dülfer eröffnete Ostwandroute an der Fleischbank den VI. Schwierigkeitsgrad – damals eine Sensation. Ein weiterer Meilenstein: die Erstbegehung der sogenannten Pumprisse durch Hans Kiene und Reinhard Karl im Sommer 1977, die erste Kaiserroute im VII. Grad!

Das war ziemlich genau ein Jahrhundert, nachdem Franz Berndorffer die erste touristische Besteigung eines Kaisergipfels geglückt war. Mit von der Partie: der Uhrmacher von Schwoich und dessen Jagdhund. Letzterer dürfte die Unternehmung nicht so rasch vergessen haben: »Es musste öfters einer dem anderen unter die Füße greifen, selbst dem Hund mussten wir nachhelfen. Daß wir öfter in naher Todesgefahr waren, dies darf ich wohl nicht sagen. Nach anderthalb Stunden erstiegen wir glücklich das Ende des Berges. Hier hatten wir über die Schneide desselben noch einen langen Weg zu rutschen, bis wir endlich von einer Spitze des Berges auf die andere den gefährlichsten Sprung wagen und selbst den Hund hinüber werfen mussten. Nach 4 Uhr Abends hatten wir die höchste Bergspitze erreicht.«

KAISERS KLETTERTRAUM

Das Stripsenjoch ist so etwas wie der Kletternabel des Wilden Kaisers. Über dem Sattel ragen die berühmtesten Kletterzacken in den Himmel: Predigtstuhl, Fleischbank, Totenkirchl und (im Bild) Kleine Halt.

LECHQUELLENGEBIRGE

Wenn die Sonne über den Lechtaler Alpen auftaucht, entfaltet sich am Gipfel der Mohnenfluh die ganze wilde Schönheit der Berge über dem jungen Lech und seinen Zuflüssen.

DAS KAISERTAL

Klar, dass es die Münchner immer wieder ins Kaisergebirge zieht, Naturfreunde gleichermaßen wie Kletterer: große Kulisse und fester Fels. Über dem innersten Kaisertal baut sich markant die Kleine Halt auf.

TEUFELSSTEG

Der jüngst sanierte Teufelssteg überquert bei Lofer die Saalach. Auf dem Gebirgsfluss wurde über Jahrhunderte hinweg das Holz aus den umliegenden Wäldern transportiert (Trift), vor allem zu den Salinen in Bad Reichenhall.

WALDESDUNKEL

»Ach, diese ewig grünen Bäume,
warum können sie nicht einmal blau sein ...«
(Gotthold Ephraim Lessing)

WASSER: MEHR ALS NUR LEBENSELIXIER

Es gurgelt, schäumt, rauscht und gelegentlich spritzt es auch. Wasser, irgendwann vom Himmel gefallen, versickert, findet nach einer Zeit wieder zurück an die Oberfläche. Gestern hat's geregnet, man riecht es noch, der Boden verströmt einen leicht erdigen Duft, Nebel steigen hoch, lösen sich auf oder bleiben in den Baumwipfeln hängen. Die grauen Felsen sind noch feucht, da und dort glänzt es matt. Wasser ist Leben – und lebendig. Es spielt mit der Schwerkraft, lässt sich in die

Wasser ist ein freundliches Element für den, der damit bekannt ist und es zu behandeln weiß.

Johann Wolfgang von Goethe (1749–1832)

Tiefe fallen, stiebt in alle Richtungen; es ist elastisch, manchmal auch zu Eiskristallen gefroren; Wasser kann in den Himmel steigen, tröpfchenweise, um dann wieder auf unsere Köpfe zu regnen.

Solche Naturschauspiele kennen alle, die öfter in den Bergen unterwegs sind. Dünne Rinnsale ziehen an steilen Hängen herab, verbinden sich zu quirligen, hurtig dahinlaufenden Bächen. Zwischen Felsblöcken entstehen kleine, muntere Kaskaden, dann liegt das Wasser wieder still in einem Tümpel. Gräser zeichnen an seiner Oberfläche ein bizarres Mikado; die Sonne spiegelt sich auf der unbewegten Oberfläche. Ein paar Wasserläufer demonstrieren ihre Kunst.

Der Bergbach mäandert übers flache Grün, das Wollgras nickt, vom Bergwind sanft bewegt. Dann der Sturz, jäh, an der Geländekante, hinter der ein senkrechter Felsabbruch lauert. Das Wasser, eben noch still, fällt ins Leere, Sonnenstrahlen zaubern einen Regenbogen in unser Auge, zu dem das Rauschen und Tosen die akustische Untermalung liefert. Ein Schauspiel, das immer wieder fasziniert, uns vielleicht auch erschrecken lässt. Diese Wucht, diese unbändige Kraft! Wasser, das Urelement, macht menschliches Leben in den Bergen erst möglich, domestiziert und durch Turbinen gejagt, taucht es fernab der Alpen in unseren Städten die Nacht in helles Licht.

BÄUME

»Habt Ehrfurcht vor dem Baum, er ist ein einziges großes Wunder, und euren Vorfahren war er heilig. Die Feindschaft gegen den Baum ist ein Zeichen von Minderwertigkeit eines Volkes und von niederer Gesinnung des Einzelnen.« (Alexander von Humboldt)

KARWENDEL-MORGEN

Wenn die Sonne am Horizont erscheint – immer ein ganz besonderer Augenblick wie an diesem Augusttag über dem innersten Rißtal im Tiroler Karwendel. In der Bildmitte das Sonnjoch (2457 m).

IM DUNKEL DER NACHT

Nachts, behaupte ich mal, sieht man entschieden weiter als am Tag. Nein? Bei schönem Wetter schon, und ich denke jetzt nicht an unseren steinigen Trabanten, der in einer Entfernung von lächerlichen 384 000 Kilometern um die Erde kreist. Auch nicht an den Sirius, den größten von bloßem Auge erkennbaren Stern. Etwas mehr als acht Jahre braucht sein Licht bis zu mir, vom Mond gerade mal gut eine Sekunde. Nein, mein Blick gilt der Milchstraße, wo, wie wir im Gegensatz zu den

Es gibt also zahllose Sonnen und zahllose Erden, die ihre Sonne umkreisen.

Giordano Bruno (1548–1600) im Jahr 1583; für diese Behauptung wurde er von der Inquisition auf dem Scheiterhaufen verbrannt.

alten Griechen wissen, keine Milch (»gala«) verschüttet wurde. Vielmehr besteht sie aus Milliarden von Sternen, angeordnet in einer Riesenscheibe mit mehreren Spiralarmen und in rasender Rotation. Unser Sonnensystem bewegt sich mit einer Geschwindigkeit von mehr als 200 Kilometern pro Sekunde durchs Universum – und trotzdem benötigt es etwa 220 Millionen Jahre für eine Bahnrunde innerhalb der Milchstraße.

Unvorstellbare Dimensionen, räumlich, aber auch zeitlich. Denn wer die Milchstraße beobachtet, geht auch auf eine Zeitreise. Auf eine Reise in die Vergangenheit. Das Licht des Polarsterns, den man auf der nördlichen Erdhalbkugel ganzjährig sieht, auf der südlichen nie zu Gesicht bekommt, ging auf seine Reise, als Galileo Galilei in Florenz Mathematik studierte, jenes des Andromedanebels bereits vor zweieinhalb Millionen Jahren, am Beginn des irdischen Quartär. Da übte der Mensch gerade seinen aufrechten Gang. Und in etwa zwei Milliarden Jahren wird er – der Homo utopicus – den Crash der Titanen erleben: den Zusammenprall zweier Galaxien, des Andromedanebels und der Milchstraße.

LICHTZAUBER

Letztes Dämmerlicht am engen Horizont, die Milchstraße – unendlich groß, unvorstellbar weit – am Himmel. Sichtbares Licht, das Jahrtausende unterwegs war, quer durch den Weltenraum.

MORGENLICHT

Das Licht des frühen Morgens verzaubert die verschneiten Gipfel über dem kleinen Bergsteigerdorf Vent im Ötztal.

NEBEL

Er drückt auf die Stimmung, beschert im Winter so manchem den Blues. Nebel wabert über dem Wasser, hängt in den Bäumen, schwebt über dem Wiesengrün. Ein Trost, immerhin: Wissenschaftler haben jüngst herausgefunden, dass er weniger wird, weniger dicht auch. Warum man Nebel überhaupt sehen kann, enträtselte bereits vor 150 Jahren der irische Wissenschaftler John Tyndall: Er bricht das einfallende Sonnenlicht, wodurch die eigentlich unsichtbaren, winzigen Wassertröpfchen, aus denen der Nebel besteht, für uns sichtbar werden.

Nebel, wenn er steigend sich verhält, bringt Regen,
doch klar Wetter, wenn er fällt.

Alte Bauernregel

Wenn man in den Bergen unterwegs ist, entpuppt sich der Nebel als ekliger Geselle, der dann unvermittelt zum sagenhaften Antidepressivum wird – dazu garantiert ohne unangenehme Nebenwirkungen. Du tappst durchs Nebelgrau, mit jedem Schritt nach oben sackt deine Stimmung ein bisschen weiter ab, wird der Optimismus weniger. Ob's vielleicht doch ...? Oder nicht ...? Dann changiert das Nebelgrau ins Weiße, löst sich auf. Blauer Himmel, glasklar die Sicht und ein Horizont voller Berge. Was für eine wundersame Verwandlung!

Der Nebel als Zauberer, Stimmungsmacher. Ein unzuverlässiger Geselle ist er natürlich auch, der für Spannung sorgt. Doch dann sitzt du oben am Gipfel, die Sonne scheint dir auf den Buckel, ein paar Dohlen interessieren sich brennend für deine Fruchtschnitte, und du schaust hinab in die Täler, hinaus ins flache Land. Nicht zufällig spricht man vom Nebelmeer, und wie das echte Meer besteht es ja auch aus Wasser. Unterm Nebelmeer kann der Mensch immerhin atmen; wenn er es als Bergsteiger hinter sich lässt, wird er aufatmen, garantiert. Da löst sich die Anspannung auf einen Schlag, aus der Enge des grauen Nichtsehens entweichst du in die Freiheit. Und die wohnt, wie wir wissen, auf den Bergen. Mit oder ohne Nebel.

KARWENDELFELS

Frühmorgens zeigen sich die Nordabstürze des Karwendel-Hauptkamms im schönsten Licht. Über dem Kleinen Ahornboden, dem Laliderer Tal und dem Großen Ahornboden stehen die höchsten Gipfel des Gebirges.

SELLRAIN

Winter ist Skitourenzeit im Sellrain: hochgelegene Ausgangspunkte, Schneesicherheit und ein Landschaftsprofil, das sowohl Aufstiege als auch Abfahrten gleichermaßen zum Erlebnis macht.

WINTERMANTEL

Zauberhafte Winterlandschaft am Kühtaisattel. Dass dieses Märchen in Weiß seinen Preis hat, zeigt sich, wenn der Schnee geschmolzen ist und all die Wunden an der sensiblen Bergnatur sichtbar werden.

NOCH EIN MATTERHORN

Vergleiche hinken ja recht oft, aber eine gewisse Ähnlichkeit mit dem berühmtesten Alpengipfel ist der Sonnenspitze (2417 m) nicht abzusprechen. Am Fuß des »Ehrwalder Matterhorns« liegt der Seebensee, darüber die Zugspitze.

AM BERGBACH

»Tiefe Wasser sind still und unbewegt. Der seichte Bergbach jedoch, der rauscht, wild und aufgeregt.« (Sosei, japanischer Dichter)

ALPENSTRASSEN

Den größten Teil des Alpenverkehrs – rund 75 Milliarden Kilometer pro Jahr – verursachen die Einheimischen, nicht etwa der Touristen- oder Transitverkehr (30 bzw. 8 Milliarden Kilometer). Überraschend?

WEITSICHT

Erstes Morgenlicht an der Mohnenfluh (2542 m), einem markanten Gipfel des Lechquellengebirges. Nach Nordwesten reicht der Blick weit hinaus bis zum Pfänder, dem Hausberg von Bregenz.

VERSTECKTES JUWEL

Die Alpen beherbergen zahlreiche Naturwunder, die es mit Respekt zu behandeln gilt. In glimmender Dämmerung entfaltet sich die Schönheit dieses Landschaftsjuwels in einem ruhigen Tal der Lechtaler Alpen.

DER FALSCHKOFEL – EIN RICHTIGER BERG

Frühwinter in den Lechtaler Alpen, ganz kurz sind die Tage. Bald verschwindet die Sonne hinter den Gipfelketten, beginnt die Dämmerung, wird es Nacht.

DAS AUGE UND DER BERG

Das Auge sagte eines Tages:
»Ich sehe hinter diesen Tälern im blauen Dunst einen Berg.
Ist er nicht wunderschön?«

Das Ohr lauschte und sagte nach einer Weile:
»Wo ist der Berg? Ich höre keinen!«

Darauf sagte die Hand:
»Ich versuche vergeblich, ihn zu greifen.
Ich finde keinen Berg!«

Die Nase sagte: »Ich rieche nichts. Da ist kein Berg!«

Da wandte sich das Auge in eine andere Richtung.
Ohr, Hand und Nase diskutierten weiter über diese
merkwürdige Täuschung und kamen zu dem Schluss:
»Mit dem Auge stimmt etwas nicht!«

Khalil Gibran (1883–1931)

DAS PARZINN
Im steinernen Herz der Lechtaler Alpen. Über der Parzinnalpe bauen sich die markanten Felszacken der Schlenkerspitzen (2827 m) und der Dremelspitze auf.

DÄMMERSTUNDE

Die Braunarlspitze (2649 m) ist ein Hauptgipfel des Lechquellengebirges und vergleichsweise leicht zu besteigen. In der weiten Karmulde auf der Ostseite des Berges liegt der kleine Butzensee.

SCHEUER WINTER

Manchmal lässt der Winter ganz schön lang auf sich warten, wie im Jahr 2015. Ende Dezember liegt kaum Schnee auf den Lechtaler Gipfeln, weder auf der Namloser Wetterspitze (2553 m) noch auf dem Tschachaun.

WINTERSTURM

Ein wilder Wintersturm pfeift um die Talleitspitze. Der Gipfel, eine ebenmäßige Pyramide, ist Blickfang bei der Anfahrt zum Bergsteigerdorf Vent.

SEHENDEN AUGES

Wenn Millionen Menschen jedes Jahr das Matterhorn bestaunen, den Drei Zinnen ihre Aufwartung machen und sich unter der Nordwand des Eigers schier eine Genickstarre holen, dann muss die Frage erlaubt sein: Was ist Landschaft eigentlich – und weshalb ist sie schön? Der Schweizer Soziologe und Künstler Lucius Burckhardt hat sich das auch gefragt, und seine Antwort lautet: »In der Umwelt eine Landschaft zu erblicken, ist eine schöpferische Tat unseres Gehirns.«

Ich lerne sehen, ja, ich fange an. Es geht noch schlecht. Aber ich will meine Zeit ausnutzen.

Rainer Maria Rilke (1875–1926)

Erst aus dem Zusammenspiel von Auge und Gehirn, zwischen Momentaufnahme und Archiv, entsteht Landschaft. Man kann sich dabei das Auge als Kamera, das Gehirn als Datenspeicher vorstellen. Das Auge liefert unzählige Bilder, die das Gehirn aufnimmt, interpretiert und in Erinnerungen verwandelt. Ein lebenslanger Prozess und ein individueller dazu. So »sieht« jeder Mensch sein eigenes Matterhorn, und das liegt keineswegs nur daran, ob er eine Brille aufhat oder nicht. Es gibt also nicht bloß ein Matterhorn, sondern unzählige Hörner, alle in physikalischem Sinn identisch, aber trotzdem verschieden.

Und schön? Darüber entscheidet ein gesellschaftlicher Konsens, der sich aus dem kulturellen Erbe einer Gesellschaft entwickelt. Als »schöne« Landschaft erscheinen die Alpen erst im Lauf des 18. Jahrhunderts. Der Berner Universalgelehrte Albrecht von Haller (»Die Alpen«, 1729) und der »Urgrüne« Jean-Jacques Rousseau (»Nouvelle Héloïse«, 1761) sorgten für eine mediale Verbreitung eines neuen Naturbildes; zunehmender Wohlstand in den Städten und bessere Verkehrsverhältnisse machten das größte Gebirge Europas schließlich zu einem beliebten Reiseziel der Eliten. Unsere Wahrnehmung der Natur unterliegt dabei einem steten Wandel; was einst schlicht bestaunt wurde, wird irgendwann »erschlossen« und schließlich geschützt. Nur der Berg – der bleibt.

WINTERLICHT

In den Hochregionen der Ötztaler Alpen dauert der Winter meistens ein halbes Jahr. Schnee und Eis verschwinden frühestens im Mai aus den Hochkaren und Schattenwinkeln.

SOMMER AM SEEBENSEE

Die Schafe verbringen den Sommer in den Mieminger Bergen – wie beneidenswert. Von Ehrwald kommen gern auch zweibeinige Besucher herauf zu dem am Fuß der Sonnenspitze gelegenen Bergsee.

IM OSTEN DER ALPEN

DER OSTEN IST WILD!

Hier dreht sich (fast) alles um ihn. Keiner ist höher, keiner wird öfter bestiegen, kein Berg so innig bestaunt wie der Großglockner (3798 m). Über die Hochalpenstraße reisen jedes Jahr Hunderttausende an, um dem Top-Gipfel Österreichs zu huldigen, ganz bequem von der Franz-Josefs-Höhe aus. Die Bergführer in Kals und Heiligenblut binden ihre mehr oder weniger höhentaugliche Kundschaft ans Seil und verhelfen ihnen zum prestigeträchtigen »Sieg« am Glockner.

Erstmals bestiegen wurde der stolze Berg im Sommer 1800, und dabei handelte es sich um eine generalstabsmäßig organisierte Großexpedition, mit nicht weniger als 62 (!) Teilnehmern. Heute sind es an schönen Sommertagen gelegentlich über 150 Bergsteiger, die sich übers Glocknerleitl zittern. Ganz oben thront – unvermeidlich bei einem kleinen Land, das einst eine Monarchie von Weltgeltung war – natürlich das Kaiserkreuz …

Am Nordfuß des Großglockners liegt die Pasterze, Österreichs größter Gletscher, vor 80 Jahren, nach dem Bau der Hochalpenstraße, noch ein gewaltiger Eisstrom. Heute liegt er, um die Hälfte seines Volumens beraubt, in seinem mittlerweile viel zu großen Geröllbett – ein bedauernswerter Anblick und zugleich Sinnbild für den Klimawandel, der gerade das sensible Ökosystem der Alpen besonders hart trifft.

Der Gletscherschwund ist überall in den Hochalpen zu beobachten, auch am Hohen Dachstein, einem weiteren prominenten Gipfel der Ostalpen. Er ist auf drei Seiten vom Eis umgeben, nach Süden fällt er über eine gewaltige Wand in die Ramsau ab. Friedrich Simony war hier vor 150 Jahren als Wissenschaftler unterwegs; er unternahm wegweisende glaziologische Forschungen, bestieg dabei wiederholt den Gipfel (1847 als Erster im Winter) und regte nebenbei den Bau eines Klettersteigs an, übrigens des ersten in den Alpen überhaupt.

Das Panorama vom Hohen Dachstein reicht bei optimalen atmosphärischen Bedingungen von der Zugspitze bis zum Hochschwab, fast 200 Kilometer weit nach Westen und über 100 Kilometer nach Osten. Der Blick zum Sonnenaufgang ist dabei besonders aufschlussreich, macht er doch eine gewisse Schieflage im Alpenbild vieler Bergfreunde deutlich. Kaum einem Münchner sind die 350 Kilometer bis an den Strand am Gardasee zu weit, auch nicht am Wochenende, so wenig wie eine Fahrt in die Dolomiten. Doch weder die Berge hinterm Dachstein noch etwa die Julischen Alpen, beide nicht weiter weg, stehen im Fokus der reiselustigen und bergaffinen Bayern. (Das Gleiche könnte man übrigens auch vom Comer See sagen.) Eigentlich Grund genug, ihnen mal die verdiente Aufmerksamkeit zukommen zu lassen, oder wenigstens einen Blick auf die Landkarte zu riskieren. Zwischen dem Gipfel des Hohen Dachsteins und dem Riesenrad im Wiener Prater liegen gut 200 Kilometer – und nichts als Berge, schroffe Zacken, verkarstete Plateaus, überwiegend aus Kalkfels aufgebaut.

DER JUNGFERNSPRUNG

Seinen Namen verdankt der rund 130 Meter hohe Wasserfall bei Heiligenblut einer alten Sage. Uralt ist auch der Steinkreis am Weg zum Jungfernsprung, möglicherweise Hinweis auf einen Kultplatz aus grauer Vorzeit.

Das »Nurgipfelstürmertum« allein hat für mich
einen starken Beigeschmack
von Sport und einen gewissen von Narretei.

Julius Kugy (1858–1944)

Vom »letzten« Zweitausender, dem Schneeberg, ist die österreichische Landeshauptstadt schon mit bloßem Auge auszumachen, und an der Hohen Wand – noch näher an Wien – lässt es sich prima klettern. Ein riesiges Revier, so spannend wie abwechslungsreich, genau richtig für eine Entdeckungsreise.

Noch mehr gilt das für den Südosten der Alpen, wo einst der rote Stern Jugoslawiens leuchtete, heute mit dem Euro bezahlt und europäisch gedacht wird: in den Julischen Alpen, slowenisch: Juliske Alpe. Ihren schönen Namen verdanken sie einem berühmten Römer, der vor zwei Jahrtausenden am Westfuß des Gebirges eine Stadt gründete: Julius Cäsar. Heute teilen sich Italien und Slowenien das rund 3000 Quadratkilometer große Massiv, in dessen Tälern seit Jahrhunderten Rätoromanen, Slawen, Italiener und Bajuwaren siedeln. Das Städtchen am Fuß des Monte Chiampon hat gleich vier Namen: Gemona del Friuli, Glemone, Humin, Klemaun. Vier Sprachen auf engstem Raum, fast schon eine kleine Schweiz. Berge gibt's hier ebenfalls mehr als genug, auch weiter im Westen, in der Càrnia, nur sind die mindestens so unbekannt wie wild. Wer kennt schon eine Creta Grauzaria oder die Cima di Gleris; wer stand auf dem Zuc dal Bôr, der zwar »nur« 2195 Meter hoch ist, aber selbst guten Bergsteigern weit mehr abverlangt als so mancher Dreitausender.

Höchster Gipfel der Julischen Alpen ist der Triglav (2864 m), in der Sagenwelt Sitz der altslawischen Gottheit Triglaw, dem Dreiköpfigen. Droben am Berg, so erzählte man sich früher in den umliegenden Tälern, würden sich böse Geister in der Johannisnacht zum Hexensabbat versammeln. Diese Legende soll den russischen Komponisten Modest Mussorgski – berühmt durch die Oper »Boris Godunow« – zu seiner symphonischen Dichtung »Eine Nacht auf dem kahlen Berge« inspiriert haben. Ob's wohl stimmt?

Die bekannteste Sagenfigur aus den Julischen Alpen ist Zlatorog, der Gamsbock mit den goldenen Krickeln, der hoch in den Bergen einen kostbaren Schatz hütete. Rudolf Baumbach hat die Geschichte 1877 in Versform gebracht:

»Dir, mächt'ger Triglav, gilt mein Lied, mein Grüßen! / Drei Häupter hebst du trotzig in die Höh / Wie jener Gott, nach dem sie einst dich hießen / Und jedes trägt ein Diadem von Schnee. // Ich bin umstarrt von hundert Bergesriesen / Wenn schwindelnd ich auf deinem Scheitel steh' / Es lacht ein grün Geländ' zu meinem Füßen / Mich grüßt Italien und die blaue See.«

Natürlich geht die Geschichte böse aus, Zlatorog wurde nie mehr gesehen. Wer den Triglav bestiegen hat und hinterher mächtig durstig ist, wird dem Gamsbock aber möglicherweise dennoch begegnen; denn er ist das Markenzeichen einer bekannten slowenischen Bierbrauerei.

HERBSTNEBEL

Herbst ist Nebelzeit. Wenn über den Gipfeln die Sonne lacht, liegen die Täler oft unter einer dicken, grauen Nebeldecke. Wer nicht den Blues kriegen will, macht sich auf ins Gebirge, ins Glocknergebiet vielleicht.

EIS IM RÜCKZUG

Immer weiter frisst sich der Klimawandel ins eisige Herz der Alpen und bringt so Firnfelder und Gletscher zum Schmelzen. Gut zu beobachten auch von der Franz-Josefs-Höhe an der Großglockner-Hochalpenstraße.

WASSER, EIS UND STEIN

Frühmorgens am Gosausee. Die ersten Sonnenstrahlen lecken am viel gezackten Gosaukamm; ganz hinten über dem Talschluss thront der noch immer stark vergletscherte Hohe Dachstein (2995 m).

ABRAUM

Auch die Berge sind nicht für die Ewigkeit »gebaut«; unerbittlich arbeiten Wasser, Eis und die Schwerkraft an den stolzesten Zacken. Der Abraum landet in Bächen und Flüssen und schließlich im Meer.

LUXUS

Vier-Sterne-Hotels mit Indoor-Pool gibt es in den Julischen Alpen keine, dafür aber viele Bergbäche und Pfützen, die zu einem erfrischenden (Fuß-)Bad einladen. Und das unter grünen Baumdächern. Was für ein Luxus!

NOCK-BAUM

Gäbe es die Touristenstraße quer durch die Nockberge nicht, stünde diese bestens verwurzelte Lärche wahrscheinlich in einem Nationalpark. Immerhin: Seit 2012 sind große Teile des Gebirges als Biosphärenpark geschützt.

Die Natur ist die große Ruhe
gegenüber unserer Beweglichkeit.
Darum wird sie der Mensch immer mehr lieben,
je feiner und beweglicher er wird.

Christian Morgenstern (1871–1914)

FRÜHLINGSLICHT

Das Licht des späten Nachmittags überstrahlt das Lammertal im Salzburger Land. In den Hochkaren des Gosaukamms liegen noch die Schneereste vom vergangenen Winter.

GESANG DER GEISTER ÜBER DEN WASSERN

Des Menschen Seele
Gleicht dem Wasser:
Vom Himmel kommt es,
Zum Himmel steigt es,
Und wieder nieder
Zur Erde muss es,
Ewig wechselnd.
Strömt von der hohen,
Steilen Felswand
Der reine Strahl,
Dann stäubt er lieblich
In Wolkenwellen
Zum glatten Fels,
Und leicht empfangen
Wallt er verschleiernd,
Leisrauschend
Zur Tiefe nieder.

Johann Wolfgang von Goethe (1749–1832)

WASSER

Die Julischen Alpen sind bekannt für ihre kristallklaren Bergwasser, idyllische Seen und stiebende Wasserfälle. Eigentlich erstaunlich, besteht das Gebirge doch weitgehend aus Kalk, und der ist, wie wir wissen, ziemlich löcherig.

WALDWISSEN

»Glaube mir, denn ich habe es erfahren, du wirst mehr in den Wäldern finden als in den Büchern; Bäume und Steine werden dich lehren, was du von keinem Lehrmeister hörst.« (Bernard de Clairvaux)

IM OSTEN DER HOHEN TAUERN

Vom unscheinbaren Gamsleitenkopf bietet sich ein Prachtblick über das Maltatal auf die Grate und Gipfel der Ankogelgruppe – sofern das Wetter mitspielt.

DAS TAL DER SOČA

Die innere Trenta, umrahmt von hohen Bergen, gehört zu den schönsten Landstrichen der Julischen Alpen. Ein Denkmal an der Straße zum Vršič-Pass erinnert an den Erschließer dieser Berge, Julius Kugy (1858–1944).

SIEBEN ZACKEN

Über dem Talschluss von Gleris in den Karnischen Alpen bauen sich, schön aufgereiht, die Sette Picche (Sieben Zacken) auf. Wer gut zu Fuß ist, kann sie auf abenteuerlichen Pfaden umrunden.

EIN JUCHITZER

Musik, wir wissen es, ist Geschmackssache, und vernünftige Menschen werden darüber nicht streiten. Eher die Ohren spitzen, und das geht in den Bergen bekanntlich besonders gut. Weil's da still ist, wenn nicht gerade ein Murmeltier seine Artgenossen vor anrückenden Zweibeinern oder einem beutegierigen Raubvogel warnt. Wer in die Berge geht, tut es oft auch, um der Dauerbeschallung unseres Alltags zu entkommen, Geräusche wieder hören zu können, jedes für sich. Eben den

Kennst Di aus, woaßt, was i moan?
A Berg is nix anders wia a mords Trum Stoan.
Aba drob'n auf'm Gipfel, des sog i allemoi,
is vui schena wie drunt'n im Toi.

Hubert von Goisern (geb. 1952)

Warnschrei eines »Munggs«, das Poltern von Steinen aus einer Felswand, den eigenen Atem. Ruhe. Davon gibt's jenseits von Seilbahnen und Hüttengaudi noch reichlich, und du spürst, wie gut sie dir tut. Auch zu zweit wird nicht viel geredet, man hängt seinen Gedanken nach, die im gemächlichen Rhythmus der Schritte vorbeiziehen wie die weißen Wattewolken am Himmel. Erholung für Körper und Seele, das ist Bergsteigen allemal, und das ist wohl auch der Grund dafür, dass es so leicht süchtig macht. Du spürst den Halt, den dir Bewegung gibt, wie so manches, was ein schlechtes Karma macht, abfällt. Wellness heißt das im »Neusprech« unserer Werbewelt, doch die Manager unserer Freizeit meinen nicht Freiheit, sondern Konsum.

Wir erleben, genießen, ohne zu konsumieren, lassen der Natur ihre Würde. Was bleibt vom Tag, sind Erinnerungen, die keiner missen möchte. Die Freude ist eher eine stille, doch manchmal, wenn du am Gipfel sitzt, allein mit tausend steinernen Zuhörern, möchtest du ihr eine Stimme geben: jauchzen. Weil's halt so schön ist. So wie Zusanne, die Schöne mit der wunderbaren Stimme – pure Freude, Ausgelassenheit, in die Hubert von Goisern, Zampano der Alpinkatzen, eine Prise Melancholie einstreut.

MÜTZE AUS STEIN

Masse und Eleganz. Während die Hauptgipfel des Dachsteinmassivs mit ihrer gewaltigen Masse prunken, zeigt sich der Gosaukamm als filigranes, türmereiches Felsgebilde. Auffallendste Berggestalt ist die Bischofsmütze.

NEBELZIEHEN

Was für ein Koloss! Über dem Tal der Krnica erhebt sich breitmassig der Prisojnik (2547 m). Berühmt ist der Berg für seine beiden riesigen Felsenfenster, eines am West-, das andere am Ostgrat.

TAUERN-DÜSTERNIS

Wolken, Licht und Schatten verleihen der Bergkulisse im innersten Maltatal einen düsteren Anstrich. Das »Tal der stürzenden Wasser« war vor dem Bau der Kölnbreinsperre für seine Wasserfälle berühmt.

IM XSEIS

Nach Unwettern oder zur Zeit der Schneeschmelze in den Bergen »saust« die Enns mächtig durch das Gesäuse (bei den Einheimischen Xseis) – daher der Name. Tal und Gipfel stehen heute als Nationalpark unter Schutz.

TRAUMLANDSCHAFT
Quer durch die Julischen Alpen verläuft die Grenze zwischen Italien und Slowenien. Der Mangart (links in den Wolken) ist ein Grenzgipfel; die heute slowenische Mangart-Straße wurde vor bald 100 Jahren von Italienern erbaut.

EIS UNTER DER MILCHSTRASSE

Es wird Nacht unterm Großglockner (3798 m). Tief verschattet die Pasterze; über dem höchsten Tauerngipfel ziehen die Sterne auf, zeigt sich das breite Band der Milchstraße.

DIE DOLOMITEN

MAGIE DER FORM

Es ist kühl und still und am Himmel zittern ein paar funkelnde Sterne dem Morgen entgegen. Im Osten wird's hell, langsam nur, das Titanenprofil der Drei Zinnen wächst ganz allmählich aus dem Nachtdunkel heraus, als ob die Welt an diesem Tag erschaffen würde. Die ersten Sonnenstrahlen lecken über die Gipfelfelsen, und dann blinzelst du im Morgenlicht, das die Kälte aus deinen Knochen vertreiben wird. An den schroffen Flanken des Höhlensteintals hängen noch ein paar weiße Nebel wie letzte, verlorene Traumfetzen.

Zauberwelt der Dolomiten. Am schönsten zu erleben ist sie in den Dämmerstunden, vor allem frühmorgens, wenn die Nacht weicht, das Leben erwacht. Da wird die Natur zur Künstlerin, malt sie tausend Farben an Felsen, in den Himmel und in dein Herz.

Knapp 2000 Quadratkilometer groß sind die Dolomiten, an der Punta di Penia, dem Westgipfel der Marmolada, exakt 3343 Meter hoch. Ein steinernes Meer, mit grünen Tupfern und tiefen Gräben darin, mit Gipfelzacken, an deren Bau sich kein Architekt wagen würde, mit Graten wie wilde Fieberkurven und riesigen Wänden. Geboren auf dem Grund eines Urmeeres, aus erdgeschichtlichem Müll bestehend, unter dem eigenen Gewicht verfestigt, schließlich von den Titanenkräften eines Crashs zweier Kontinentalplatten – der Afrikanischen und der Eurasischen – hochgehoben, verfaltet, übereinandergeschoben. Und der Erosion überlassen. Die erst hat dem Rohmaterial seine bizarren Formen verliehen: Wasser und Eis, die großen Gestalter. Gesteinspakete wurden abgetragen, weichere Schichten weggespült, Täler vertieft. Was blieb: die Drei Zinnen, die Vajolettürme, der Cimon della Pala, der Zwölferkofel und Hunderte weitere Zacken, jeder ein Unikat, jeder unverwechselbar. Dazwischen breiten sich in grünen Wellen ausgedehnte Almreviere aus, vor allem im Nordwesten des Gebirges. Das zeigt im Süden und Südosten seine wildeste Seite. Hier ist das Profil noch steiler, sind die Gräben noch tiefer, verfallen Weg und Steg, scheint die Zeit stillzustehen. Dafür surren in Gröden, im Hochabtei und in Cortina die Lifte, buhlen Wellnesstempel um betuchte Gäste. Die Dolomiten: eine Welt der Kontraste.

Der Fels ist fest, griffig, aber auch steil – reichlich Morgenluft unter den Schuhsohlen. Mich fröstelt es ein bisschen, und das hat nicht nur mit der Kälte des frühen Herbsttages zu tun – ein wenig mulmig ist mir zumute. Doch das kenne ich längst, so geht's mir jedes Mal, wenn ich allein unterwegs bin und keiner da ist, der mir Mut macht. Außer mir.

Ich steige weiter, suche Tritt und Griffe, gewinne den Rhythmus, belaste da richtig, packe dort zu. Mein Blick geht nach oben, ich entdecke eine Rippe, die sich, angenehm gestuft, hinüberschwingt zur Gipfelwand. Dort sieht das Gelände leichter aus, und der Fels wird durch Horizontalbän-

ZACKENWALD

Alle Welt pilgert zu den Drei Zinnen, und die meisten übersehen dabei die 100 Zinnen, die in den benachbarten Cadini di Misurina stehen. Ein ganzer Wald von Felsen, groß und klein – schlicht fantastisch.

Ich habe die Gefahr zu meinem Beruf gemacht, aus der Natur meine Religion abgeleitet und aus Träumen mein Haus gebaut.

Reinhold Messner (geb. 1944)

der gegliedert, was einen zwar gelegentlich auf eine falsche Fährte lockt, aber auch Durchstiegsmöglichkeiten eröffnet.

Eine halbe Stunde später entsteige ich der Felsflanke, ein paar Schrofen noch, dann bin ich oben. Ein kleines Kreuz, ein großes Panorama, Gipfelzähne rundum. Ein Blickfang sind die Drei Zinnen mit ihren Nordwänden. Was wurde nicht alles geschrieben über das kariöse Riesengebiss, das über dem Karstplateau der Langen Alm in den Himmel ragt! Die Tre Cime sind ein Mythos, ein Klettermythos, gestrickt aus Schweiß, Blut, aus großen Triumphen und geplatzten Träumen. Drunten in Auronzo, auf der Südseite des Bergstocks, hieß der Dreizack früher schlicht Monte Bello.

Schön fanden ihn wohl auch die Herren Gilbert und Churchill, die um 1860 die südöstlichen Kalkalpen bereisten und ihre Erinnerungen in dem Buch »The Dolomite Mountains« – ein Bestseller – veröffentlichten. Das war 1865, und nur vier Jahre später »fiel« auch die Große Zinne (2999 m): Franz Innerkofler und Peter Salcher führten den Wiener Paul Grohmann auf den Gipfel. Michael Innerkofler – auch er aus der Sextener Bergführerdynastie – und Georg Ploner bezwangen 1879 die Westliche Zinne (2973 m). Am hartnäckigsten widerstand die Kleine Zinne (2873 m). Sogar Michl Innerkofler, dem eigentlich kein Gipfel zu steil war, hatte da seine Zweifel (»Ja, wann'st Flügel hätt'st!«), doch er räumte sie auch gleich aus: 1881 fand er, begleitet von seinem Bruder Johann, den Weg zum Gipfel. Im selben Sommer führten die beiden den Wiener Alpinisten und Eiskunstläufer (!) Demeter Diamantidi an einem Tag auf alle drei Zinnen. Chapeau!

Längst sind die Erstbesteigungen in den Alpen Geschichte, den Pionieren begegnet man nur noch in Büchern und Museen. Die Berge sind vermessen, kartiert, manche mit Seilbahnen bestückt, die alten Wege markiert und viele neue dazugekommen. Wanderer, Mountainbiker und Kletterer bevölkern die »Bleichen Berge«, Berghütten mutieren zu Gourmettempeln, verstopfte Straßen und am Himmel bunte Schirme.

Wo sind sie geblieben, die Dolomiten unserer Ahnen? Besiedelt wurden die Täler dieses so einzigartigen Gebirges, das erst spät auf der Landkarte erschien, bereits vor Jahrtausenden. Schalensteine zeugen von prähistorischen Kulten, alte Geschichten berichten vom unglücklichen Volk der Fanes; eine Legende erzählt von der Königin der Crodères: »Hoch auf dem eisigen Grat der Marmaròles, wo der Blick bis an das Südmeer schweift, sitzt Tanna, umgeben von dem großen Schweigen der Berge.«

Das Schweigen der Berge. In den Marmaròles lebt es noch, im verschwundenen Reich von Tanna. Gämsen und Marmotas bevölkern heute die Karmulden des Massivs, Wasser gibt's kaum, dafür Steine, Steine. Und eine dünne Spur, gerade ausreichend, damit sich der mit etwas Spürsinn ausgestattete Mensch nicht verirrt. Oder hat er sich vielleicht schon verlaufen, der Alleswisser, auf seinem Weg zum Glück? Tanna hat es nicht gefunden, weder im Reichtum der Stadt noch in der Einsamkeit der Marmaròles.

ANSICHTSSACHE

Absolutes Highlight der Sextener Dolomiten sind natürlich die Drei Zinnen mit ihren Nordwänden. Nicht ganz so spektakulär ist die Südansicht mit dem kleinen Lago d'Antorno im Vordergrund.

DER LANGE UND DER PLATTE

So stellt man sich die Dolomiten vor: schroffer Fels über sanft gewellten Almböden. Von links Langkofel (3181 m), Fünffingerspitze, Grohmannspitze und Plattkofel.

DOLOMITZÄHNE

Nicht auf die Größe, auf die Form kommt es an. Und so behaupten sich die Cinque Torri, gerade mal 2361 Meter hoch, locker im Konzert der Ampezzaner Dolomitengrößen.

WUNDERWELT AUS STEIN

Dass es auch Wälder aus Stein gibt, beweisen die Cadini di Misurina, ein Anhängsel der berühmten Sextener Dolomiten: Türme, Zacken, Zähne und Nadeln, neben- und hintereinander. Wie Bäume halt.

SAGENHAFT

Wenn Nebel übers Wasser ziehen, die Bergzacken am Horizont verschwinden und es ganz still wird, kann man manchmal die Elfenstimmen hören. Oder bilden wir uns das nur ein?

FELSENORGEL

Winter in den Dolomiten; Schnee liegt auf den Wiesen, auf den Gipfeln. Wie ein gigantisches Urzeitriff ragt das Langkofelmassiv aus dieser weißen Landschaft in den Himmel.

ALFREDOS PALAGIPFEL

»Chunsch vo Züri?« Verblüfft drehe ich mich um. Züridütsch hier in den Dolomiten? Der bärtige Mann, der da auf der Veranda der Segantinihütte steht und freundlich lächelt, sieht nicht unbedingt aus wie ein waschechter Zürcher. Später dann, beim Caffè, löst sich das Rätsel: Alfredo Paluselli, der Hausherr, lernte in der Limmatstadt schreinern bei HHH (für Nicht-Zürcher: »Heinrich-Hatt-Haller«). Später kam er als Bergführer viel in der Welt herum, um schließlich am Fuß des

Kunst ist das Fenster, durch das der Mensch seine höhere Fähigkeit erkennt.

Giovanni Segantini (1858–1899)

Cimòn della Pala (3184 m) seine (letzte) Heimat zu finden. Weil es ihm da so besonders gut gefiel, baute er kurzerhand oberhalb von Paneveggio einen alten Heustadel ab und an diesem Platz seine Hütte auf: die Baita Segantini. Sie steht gleich neben einem kleinen Bergsee, in dem sich das schönste Felshorn weitum spiegelt. Nicht ohne Grund wird der Cimòn immer wieder als »Matterhorn der Dolomiten« bezeichnet. Erstmals bestiegen wurde er im Juni 1870. Santo Siorpaès und Christian Lauener, zwei bekannte Führer ihrer Zeit, der eine aus Cortina d'Ampezzo, der andere aus dem Berner Oberland, hatten den Engländer Edward R. Whitwell am Seil. Sie nahmen – damals durchaus üblich – den Aufstieg übers Gletschereis.

Im Winter ließ sich Alfredo jeweils einschneien, sinnierte über Gott und die Welt und malte seinen Hausberg. Er war ein begabter Dilettant, ganz verfallen dem Form- und Farbenwunder über seiner Baita. Kein Zufall natürlich, dass ihr Name auf einen berühmten Maler der Berge, Giovanni Segantini, verweist; Alfredo bewunderte den aus Arco stammenden Künstler, der zeitlebens ein Suchender, ein unruhiger Geist war.

Ein paar Jahre später kam ich wieder hinauf zur Baita Segantini, da war Alfredo schon tot. »Vergangenen Winter ist er gestorben«, sagte die Signora. Heute erinnert ein kleines Denkmal an den Mann, dem der Cimòn Wegbegleiter und Herausforderung war.

DAS »MATTERHORN«

Die Ähnlichkeit ist augenfällig, deshalb wird der Cimòn della Pala auch oft als das »Matterhorn der Dolomiten« bezeichnet. Sein Gipfel schmückt sich gern mit einem Wolkenfähnchen.

DREI ODER SECHS ZINNEN?

Ein Bild, das man nicht mehr vergisst! Und wenn sich die Drei Zinnen in einer der Lacken auf der Langen Alm spiegeln, sind es nicht mehr drei, sondern sechs Zacken – oder gar noch mehr?

KÖNIG LAURINS GARTEN

Wolkentreiben am Rosengarten, dem – so weiß es die berühmte Sage – versteinerten Garten des unglücklichen Königs Laurin. In der Bildmitte mächtig die Rosengartenspitze, links davon die Vajolettürme.

VERREGNET

Der Tag hatte so begonnen, wie man es sich als Bergsteiger wünscht: wolkenlos und mit der Aussicht, dass das auch so bleibt. Bis zum Abend. Nun ist Meteorologie zwar eine Wissenschaft, aber halt keine exakte. Wer hat sie eigentlich erfunden, frage ich mich. Sollte man sie vielleicht wieder abschaffen? Der Ungewissheit den Vortritt lassen vor der unzuverlässigen Prognose. Dem Blick in den Himmel trauen, Symptome erkennen wie ein guter Arzt, etwa das Anrücken einer Gewitter-

Der Weise äußert sich vorsichtig, der Narr mit Bestimmtheit über das kommende Wetter.

Wilhelm Busch (1832–1908)

front. Denn die Natur sendet ja Zeichen, man muss sie bloß sehen, richtig interpretieren. Dann kannst du trotzdem verregnet werden, mit dem kleinen Unterschied, dass dir das durchaus bewusst ist. Der moderne Mensch, von der Technik umstellt, die ihm zunehmend das Steuer aus der Hand nimmt (!), wird allmählich zu einem am Strick geführten Hammel.

Der Tag, von dem hier die Rede sein wird, begann mit ein paar Kalenderbildern in den schönsten Morgenfarben: das Cristallo-Massiv mit dem massigen Turm des Piz Popena als Blickfang, und natürlich die Drei Zinnen, das alles überstrahlende Felsbild. Dann geht's erst einmal hinein in den tiefen Graben des Rienztals, ein Morgenschattenreich, vor Urzeiten vom Gletschereis ausgehobelt. An seine felsigen Flanken krallen sich einzelne Bäume, aus steilen Rinnen ziehen Geröllströme herab. Leben und Sterben in der Natur.

Am Rienzboden kommen die Drei wieder ins Blickfeld. An ihren Mauern hängen mittlerweile graue Schleier, ein kräftiger Südwind pfeift über das Karrenplateau. Schönwetter? Blauer Himmel? Der Zackengrat des Cristallo-Massivs ist nicht mehr zu sehen. Nur die Sockelfelsen der berühmten Nordwände stehen noch wie freigelegte Zahnhälse im Geröll, erste Regentropfen fallen. Dabei hatten die Meteorologen doch einen sonnenklaren Tag versprochen. Gut, dass ich die Regenjacke eingepackt habe. Man kann halt nie wissen …

WENN DIE NACHT VERGEHT

Steine und Sterne spiegeln sich im kleinen Bergsee. Am östlichen Horizont wird es heller, und bald werden die ersten Sonnenstrahlen an den Felsen der Drei Zinnen züngeln.

ENROSADÜRA

Die tief stehende Abendsonne lässt den grauen Fels der Pala-Nordkette rötlich aufleuchten: »Enrosadüra« nennen das die Ladiner, die in vielen Tälern der Dolomiten beheimatet sind.

VEXIERBILD

Wie heißen sie denn, die drei Felszacken, die links hinter den Cadinispitzen hervorlugen? Es sind die berühmtesten »Drei« der Dolomiten, von denen die höchste 2999 Meter über dem Spiegel des Mittelmeers in den Himmel ragt.

MONDLANDSCHAFT

Die Durchquerung der Marmarole gleicht einer Reise auf den Mond: kein Mensch weit und breit, dafür jede Menge Steine. Immerhin, ausreichend Luft zum Atmen gibt's schon, trotzdem kann einem unterwegs leicht die Puste ausgehen.

BÄUME MACHEN WOLKEN

Dass man in Deutschland seit jeher eine besonders innige Beziehung zum Wald hat, ist kein Geheimnis; Maler und Dichter haben diesen Mythos tausendfach beschworen, vor allem im 19. Jahrhundert. Unsere Zeit ist etwas sachlicher, weniger der Romantik zugeneigt: forschen statt träumen. Und das fördert manchmal Erstaunliches zutage. Wer hätte gedacht, dass jene ätherischen Stoffe, die Kiefern, Tannen und Fichten ausdünsten, als Keimzellen wirken, an denen Wasserdampf kondensiert?

Nichts ist für mich mehr Abbild der Welt und des Lebens als der Baum. Vor ihm würde ich täglich nachdenken, vor ihm und über ihn …

Christian Morgenstern (1871–1914)

Machen Bäume etwa Wolken, vielleicht sogar ihr eigenes Wetter? Ein schöner, fast schon poetischer Gedanke. Forscher des CERN bei Genf haben jüngst untersucht, wie Wolken entstehen und sind dabei auf einen erstaunlichen Effekt gestoßen: Aerosole, von den Bäumen abgesondert, steigen in den Himmel und fördern das Entstehen von Wolken. Ein genialer Trick, könnte man meinen. Bäume, erklärt der britische Physiker Jasper Kirkby, können ja nicht davonlaufen, wenn es ihnen zu trocken wird. Also schaffen sie einen Mechanismus, der wie eine Berieselungsanlage wirkt und hilft, den Wald mit dem kostbaren Nass zu versorgen. Klingt logisch, und da stellt sich die Frage, ob das nun Zufall ist oder ein Evolutionsprozess. Der Prozess, im »Reagenzglas« des CERN simuliert, wurde mittlerweile auch in der Natur nachgewiesen, von Forschern des Sphinx-Observatoriums (3572 m) auf dem Jungfraujoch. Ungeklärt ist noch, wie stark sich dieser Mechanismus auf das Klima auswirken wird. Wolken sind einerseits riesige Spiegel, die das Sonnenlicht reflektieren, gleichzeitig halten sie die vom Boden abgestrahlte Wärme zurück. Ein Nullsummenspiel?

FENSTER ZUM WALD

Ein felsiger Einschnitt gibt den Blick auf einen Lärchenwald frei, den die Abendsonne mit ihrem sanften Licht übermalt.

GIPFELPARADE
Dolomiten-Dreitausender im letzten Sonnenlicht: Sorapiš, Marmolada (fern am Horizont), die Drei Tofane, Cristallo und Piz Popena.

ZAUBERWELT
Halb im Licht, halb verschattet: Lagazuoi, Torri del Falzárego und Tofana di Rozes (3225 m) über dem seichten Lago di Limides.

WALDGEMÄLDE

Aufsteigende Nebel machen aus dem Fichtenwald große Kunst: art natur. Die in den Alpen weit verbreitete Gemeine Fichte (Picea abies) gehört zur Familie der Kieferngewächse.

TERRA INCOGNITA

Berühmt die eine, unbekannt, vergessen die anderen: Blick von der Marmolada (3343 m), dem »Dach« der Dolomiten, auf Monte Fop, Sas Piat, Monte La Banca und Sas de Valfreida. Ein Wintermärchen.

AM PAS DE SÈN PELLEGRIN

Am Übergang vom Val di Fassa ins Tal des Cordèvole wurde bereits im Jahr 1358 ein Hospiz eröffnet, »auf daß Leute, die den Berg Alloch (so hieß der Pass damals) überschreiten, bewirtet werden können«.

FELSEN ÜBER DEM SÜDSEE

Wer die Grigne durchstreift, könnte sich angesichts der bizarren Felskulisse fast in die Dolomiten versetzt fühlen – wenn da nicht der Comer See am Fuß des Massivs wäre.

SOMMERWALD

Der Sommer ist die grüne Zeit des Bergwaldes. Alles ist auf Wachstum angelegt, die Natur muss den kurzen Zeitraum bis zu den ersten Frösten im Herbst bestmöglich nutzen.

HERBSTWALD

Wenn die Lärchen im Herbst ihr Nadelkleid verlieren, verwandelt sich der Waldboden in einen wunderschönen orangefarbenen Teppich.

BRENTA-ZAUBER

Der Crash zweier Kontinentalplatten hat sie aufgetürmt, Wasser und Eis haben sie in Jahrmillionen geformt. Das Ergebnis: eine bizarre Felslandschaft mit himmelwärts ragenden Türmen und horizontalen Jahrringen.

GRANIT

»Feldspat, Quarz und Glimmer, die drei vergess' ich nimmer.« Der Reim ist leicht zu merken, und er beschreibt – vereinfacht – die Zusammensetzung von Granit. Gemeint ist natürlich das magmatische Tiefengestein, nicht etwa der auch recht kantig-harte Schweizer Fußballer albanischer Abstammung mit dem Nachnamen Xhaka, der beim englischen Verein Arsenal sein Geld verdient.

Zu den Steinen hat einer gesagt: »Seid menschlich.«
Die Steine haben gesagt:
»Wir sind noch nicht hart genug.«

Erich Fried (1921–1988)

Granite entstehen durch die Erstarrung aufsteigender Magma tief in der Erdkruste; durch tektonische Bewegungen und Erosion gelangen sie schließlich an die Erdoberfläche. In den Alpen baut Granit einige der mächtigsten Bergmassive auf: Mont Blanc, Aar, Gotthard und Bergeller Berge. Ihr Erscheinungsbild ist ganz unverwechselbar: schroffe, oft splittrige Grate und plattige, lediglich durch Spalten oder Klüfte gegliederte Wände. Monumentale Granitmauern bilden auch die Kulisse des Val di Mello, einem Seitental des unteren Veltlins. Es gehört zu den Bergeller Bergen, deren alpines Wahrzeichen der Piz Badile (3308 m) ist. Seine Nordkante gilt als eine der schönsten Gratklettereien in den Alpen, eine echte Himmelsleiter. Zwischen Himmel und Hölle angesiedelt sind zahlreiche Routen im und über dem Val di Mello; berauschend für Könner, ein zäher K(r)ampf für die anderen. Direkt über dem Dörfchen San Martino, wo es links ins Valle dei Bagni, rechts ins Val di Mello geht, ragt die Cima del Cavalcorto (2763 m) in den Himmel – einer der vielen recht selten besuchten Gipfel in dieser grandiosen Granitwelt. Wer sie hautnah erleben will, dem sei der Sentiero Roma empfohlen, eine hochalpine, durchgehend markierte Route, die vom Val Codera ostwärts ins Valmalenco führt. Solo per esperti!

GRANITWELT

Das Val di Mello, ein Seitental des Veltlins (Valtellina), ist ein einziges Granitwunder und deshalb bei Kletterern besonders beliebt. Unmittelbar über San Martino ragt die Cima del Cavalcorto (2763 m) in den Himmel.

BERGESRUH'

Abendstimmung in den Bergen um den Passo di Gavia im Westen des Ortlermassivs. Sanftes Licht legt sich über die Landschaft, der Spiegel des Lago Nero liegt still zwischen steinigen Matten.

ZURÜCK ZUR NATUR

Der seichte Lago d'Ampola an der Wasserscheide zwischen Garda- und Idrosee, bis in die 1970er-Jahre als Mülldeponie genutzt, ist nach seiner Renaturierung ein kostbares Biotop, Brut- und Nistplatz für viele Vögel und Amphibien.

L'ULTIMO PARADISO

Als »letztes Paradies« wird der Parco Nazionale Val Grande gern bezeichnet, als Wildnis auch, und natürlich fällt auch das Wort von der »unberührten« Natur. Doch diese »Wilderness«, als die es sich heute präsentiert, wurde früher nicht nur »berührt«, sondern über Jahrhunderte hinweg als Almrevier genutzt, später dann – vor allem nach dem Ersten Weltkrieg – in großem Maßstab ausgebeutet: des Holzes wegen. Wege und Hütten, ganze Dörfer entstanden, in Pogallo gab es sogar

Gibt's kein Paradies, gibt's doch Paradiese.

Friedrich von Bodenstedt (1819–1892)

eine Schule. Um den anfallenden Rohstoff zur Simplonlinie zu befördern, wurden Seilbahnen übers Gebirge gebaut, von denen noch Relikte erhalten sind. Eine erste Anlage dieser Art ließ der aus dem schweizerischen Zofingen stammende Unternehmer Carlo Sutermeister – Besitzer einer Baumwollspinnerei in Verbania und Gründungsmitglied der örtlichen CAI-Sektion – errichten; sie verband Pogallo via Ponte Casletto mit der Bahnstation Fondotoce am Lago Maggiore und war immerhin 12 Kilometer lang. Noch fantastischer mutet jene Seilbahn an, die mit einem Höhenunterschied von etwa drei Kilometern (!) von Orfalecchio im unteren Val Grande über die Corni di Nibbio ins Ossolatal führte. Damals wurde das ganze Jahr über Holz im Val Grande geschlagen; eine kühn trassierte Schmalspurbahn verband Orfalecchio mit dem Talinnern; das aufwändigste Bauwerk an der rund fünf Kilometer messenden Strecke war eine 62 Meter lange Brücke.

Zum Paradies wurde die arg geschundene Natur erst in den letzten 100 Jahren: erst vergessen, dann Nationalpark (1992). Die einzigen Verkehrswege innerhalb des fast 150 Quadratkilometer großen Schutzgebietes sind ein paar wenige markierte Pfade; ansonsten bleibt die Natur sich selbst überlassen. Längst sind hier wieder mehr Tiere als Menschen unterwegs, auch Schlangen übrigens, früher gnadenlos gejagt und fast ausgerottet. Inzwischen haben sich die Bestände weitgehend erholt. Neben zwei giftigen Reptilien (Vipera aspis und Vipera berus) lebt in dem Park auch die ungiftige Äskulapnatter, die bis zu zwei Meter lang werden kann.

STIEBENDE WASSER

Vor einem Jahrhundert war das Val Grande industriell ausgebeuteter Holzlieferant, vor 50 Jahren eine »Lost Area«, heute ist es Nationalpark. Die Natur ist zurück, die Wunden der Vergangenheit sind verheilt.

WO DER BÄR HAUST

In den nördlichen Randbereichen der Brenta-Dolomiten streift Meister Petz gelegentlich durch die Wälder; ab und zu erliegt er auch der Verlockung, in Dorfnähe einen Bienenstock oder einen Hühnerstall zu besuchen.

WOLKENTANZ

Die aus dunklem Tonalit, einem dem Granit verwandten Gestein bestehenden Gipfelketten der Presanella verbinden sich mit den tanzenden Wolken zu einem magisch aufgeladenen Szenario.

STEINSEE

In einer steinigen Karmulde liegt der kleine Lago Nero. Entstanden ist er wie die vielen anderen Bergseen im Presanella-Massiv nach dem Rückzug der Eiszeitgletscher.

ÜBERSCHÄUMEND
Im Val Genova ist sie noch ungebändigt, die Stein-, Wald- und Wassernatur. Kein Stausee, der die Gletscherbäche in Tunnels umlenkt, keine Skipisten und Seilbahnen, lediglich ein paar Almen im Talinnern.

BERGSTURZTRÜMMER

Sie sind nicht zu übersehen, die Spuren eines Bergsturzes im Val Masino. Doch die Natur hat die offene Wunde längst wieder geschlossen, der Wald ist zurück, und Moos überzieht die Felsblöcke mit ihren grünen Polstern.

WILDNIS
Das Val Grande im Hinterland des Lago Maggiore ist Nationalpark, also geschützte Natur. Sie schützt sich allerdings vor allem selbst, mit einem Kranz hoher Berge und einem Talausgang, der eine ungangbare Klamm ist.

GEWITTER

Über dem Gaviapass braut sich ein Unwetter zusammen. Wolken ziehen, es rumpelt irgendwo in den Ortlerbergen, bald wird der Himmel seine Schleusen öffnen.

TRACCIOLINO

Nur für Abenteuerlustige mit guten Nerven! Beim Tracciolino handelt es sich um einen mehrere Kilometer langen, kühn trassierten Felsenweg, der im Zusammenhang mit Kraftwerksbauten im Val Codera angelegt wurde.

*Mich spornte die vage Sehnsucht an,
von einem langweiligen Alltagsleben in eine
wunderbare Welt versetzt zu werden.*

Alexander von Humboldt (1769–1859)

WUNDER

Auch das gibt es in den Alpen im 21. Jahrhundert: ein großes Tal ohne Straße und trotzdem noch bewohnt: das Val Codera in der Lombardei, den Bergeller Granitgipfeln so nahe wie dem Comer See.

MAKING OF

DAS PROJEKT ALPENWELTEN UND MEINE FOTOGRAFIE-PHILOSOPHIE

Wie bei so vielen Projekten wuchs die Idee zu »Alpenwelten« mit den Bildern. Zwar bin ich nicht direkt inmitten der wunderbaren Bergwelt aufgewachsen, doch thront im Alpenvorland bei Föhnwind im Süden die bläuliche Silhouette der Nordalpen wie ein zackiges Sägeblatt über den Feldern. Für mich also ein ständiger Begleiter seit Kindestagen. Bald war klar, das ich als Landschaftsfotograf dieses extreme Revier durchkämmen will.

Seit 2013 plane ich nun jährlich einen großen Trip in die Berge; neben vielen kleinen Tages- und Übernachtungstouren, das ganze Jahr über. Touren, die mich oft an meine spartanischen Skandinavien-Exkursionen im Winter erinnern. Spartanisch, da ich gerade beim Fotografieren das einfache Leben bevorzuge. Keine Hotels, Essen über dem Feuer und Leben mit und in der Natur. Das hilft mir, mit meiner Umgebung zu verschmelzen und Inspiration zu finden. Die Natur kann in einem Zuge voller Pathos und überwältigender Momente, doch gleichzeitig schwindelerregend unangenehm und gefährlich sein.

So stand ich dieses Jahr in der Nähe vom Mangart an der italienisch-slowenischen Grenze auf einem exponierten Berggrat auf knapp 2200 Metern, als donnernde, dunkle Wolken auf mich zuzogen. Der Abstieg war äußerst steil und rutschig, doch die Landschaft in ein verführerisch-düsteres Licht getaucht. Bis ich alle Einstellungen für ein Panorama hatte, vergingen ewige Minuten. Blitze zuckten nur unweit entfernt und die Wolken peitschten um mich, als wollten sie mich fressen. Als die Fotos im Kasten waren, ging die Hetzjagd los. Hagel und donnerndes Gebrüll begleiteten mich auf den nur wenigen Hundert Höhenmetern bis zum Parkplatz. Was für eine unglaubliche Erleichterung, als ich mit zittrigen Knien und voller Adrenalin die Autotür schloss. Meine Liebe zu den Bergen wurde 2014 nochmals mächtig angeschürt, als ich für GEO einen Bergekalender zusam-

menstellte. Dieser Aufwind war eine große Hilfe, noch ehrgeiziger und leidenschaftlicher an die »Alpenwelten« heranzugehen.

Unsere Alpen sind ein Ort, an dem die Inspiration nur so sprudeln kann. Eine Welt, die mich an bekannte Fantasygeschichten, wie die von Schriftsteller J. R. R. Tolkien oder Regisseur Tim Burton erinnert. Lässt man es zu und konzentriert sich vollends auf die Natur, ihre Gesetze und Regeln, bleibt ein wilder, nicht immer ungefährlicher, und doch an manchen Flecken fast lieblich-kitschiger Ort. Ein dreidimensionaler Raum, den ich mit meiner Kamera in ein zweidimensionales Bild banne. Mit speziellen Perspektiven, vielen Details und akkuraten Vordergründen schaffe ich wiederum eine starke Tiefen-, ja, fast Sogwirkung bei so manchem Werk. Am wichtigsten, gleichzeitig zeitaufwändigsten und kompliziertesten ist jedoch die Suche nach dem Licht.

Licht ist immer vorhanden. Ja, sogar nachts machen minimale Reste des Sonnenlichts Umrisse erkennbar. Für viele meiner Aufnahmen suche ich nach ausgefallenem Licht, das meist die frühen Morgen- oder späten Abendstunden liefern. Mächtige Wolken und Gewitter erschaffen häufig optische Meisterwerke; Nebel eine faszinierend-mystische Aura. Nicht immer die angenehmsten Umstände, um auf und in den Bergen mit empfindlicher Technik zu arbeiten, die erst kilometerweit und Hunderte Meter hochgeschleppt werden muss.

Viel Schweiß ist in den letzten drei Jahren geflossen, Zigtausende Höhenmeter habe ich zurückgelegt. Umso dankbarer bin ich, immer wieder unversehrt und ohne große Blessuren unten angekommen zu sein. Unendlicher Dank gilt meinen Begleitern, die vor allem dazu beigetragen haben: meiner Frau Anna, meinen Eltern, meinem Bruder Andy und *last but not least* meinem Reisebuddy, egal, wo es mich hinzieht, Felix Röser.

Der Natur ihre intimsten Momente zu entlocken, um das Bewusstsein der Menschen für diesen Schatz zu erhalten und zu schärfen, ist mir ein starker Antrieb und wird mich sicher auch in Zukunft vor so manch monumentaler Kulisse vor Ehrfurcht erstarren lassen.

Stefan Hefele

MAGIE LIEGT IN DER LUFT: Blick auf den Mont Aiguille in den französischen Dauphiné-Alpen. Hoch oben, nach einem nächtlichen Aufstieg, wirkt dieser Sonnenaufgang wie aus einem Fantasiereich (linke Seite).

DER FALSCHKOGEL IN DEN LECHTALER ALPEN: Hier wird der Mensch wie so oft in den Bergen mit fast unvorstellbaren Dimensionen konfrontiert (oben).

FINALE

Abend in den Cadini. Letzte Sonnenstrahlen verglimmen am Zwölferkofel; die Gipfel über dem Tal von Auronzo liegen bereits im Schatten.

DIE ALPEN –
ÜBERSICHTSKARTE

① DER SÜDWESTEN

Fläche: ca. 45 000 km²

Wichtigste Gebirgsgruppen: Mont Blanc, Savoyer Voralpen, Vanoise, Grajische Alpen, Pelvoux, Cottische Alpen, Provenzalische Alpen, Seealpen

Wichtigste Gipfel: Mont Blanc (4810 m), Gran Paradiso (4061 m), Grande Casse (3855 m), Rocciamelone (3538 m), Barre des Écrins (4102 m), Monviso (3841 m), Cima dell'Argentera (3297 m), Mont Ventoux (1912 m)

Städte: Chambéry, Grenoble, Gap, Nizza

② DIE SCHWEIZ

Fläche: ca. 27 000 km²

Wichtigste Gebirgsgruppen: Walliser Alpen, Berner Alpen, Urner Alpen, Tessiner Alpen, Glarner Alpen, Appenzeller Alpen, Adula-Massiv, Bernina

Wichtigste Gipfel: Dufourspitze (4634 m), Matterhorn (4478 m), Eiger (3970 m), Finsteraarhorn (4274 m), Rigi (1798 m), Tödi (3614 m), Säntis (2502 m), Piz Bernina (4049 m)

Städte: Sion, Thun, Luzern, Chur, Bellinzona

⑦ DER SÜDEN

Fläche: ca. 18 000 km²

Wichtigste Gebirgsgruppen: Ortler, Adamello, Presanella, Brenta, Gardaseeberge, Bergeller Berge, Bergamasker Alpen, Grigne, Val Grande

Wichtigste Gipfel: Ortler (3905 m), Monte Adamello (3554 m), La Presanella (3558 m), Cima Tosa (3173 m), Monte Baldo (2218 m), Monte Disgrazia (3678 m), Pizzo di Coca (3052 m)

Städte: Madonna di Campiglio, Sondrio, Lecco, Verbania

③ DIE BAYERISCHEN ALPEN

Fläche: ca. 6800 km²

Wichtigste Gebirgsgruppen: Allgäuer Alpen, Ammergauer Alpen, Wetterstein, Karwendel, Mangfallgebirge, Chiemgauer Alpen, Berchtesgadener Alpen

Wichtigste Gipfel: Mädelegabel (2645 m), Zugspitze (2962 m), Alpspitze (2628 m), Benedikterwand (1800 m), Wendelstein (1838 m), Hochkalter (2607 m), Watzmann (2713 m)

Städte: Sonthofen, Garmisch-Partenkirchen, Bad Reichenhall, Berchtesgaden

④ TIROL UND VORARLBERG

Fläche: ca. 12 000 km²

Wichtigste Gebirgsgruppen: Lechquellengebirge, Lechtaler Alpen, Silvretta, Ötztaler Alpen, Stubaier Alpen, Karwendel, Tuxer Alpen, Zillertaler Alpen, Kaisergebirge, Kitzbüheler Alpen

Wichtigste Gipfel: Rote Wand (2704 m), Fluchthorn (3399 m), Wildspitze (3768 m), Zuckerhütl (3507 m), Birkkarspitze (2749 m), Olperer (3476 m), Hochfeiler (3509 m), Ellmauer Halt (2344 m), Hochkönig (2941 m)

Städte: Bludenz, Innsbruck, Kufstein, Kitzbühel

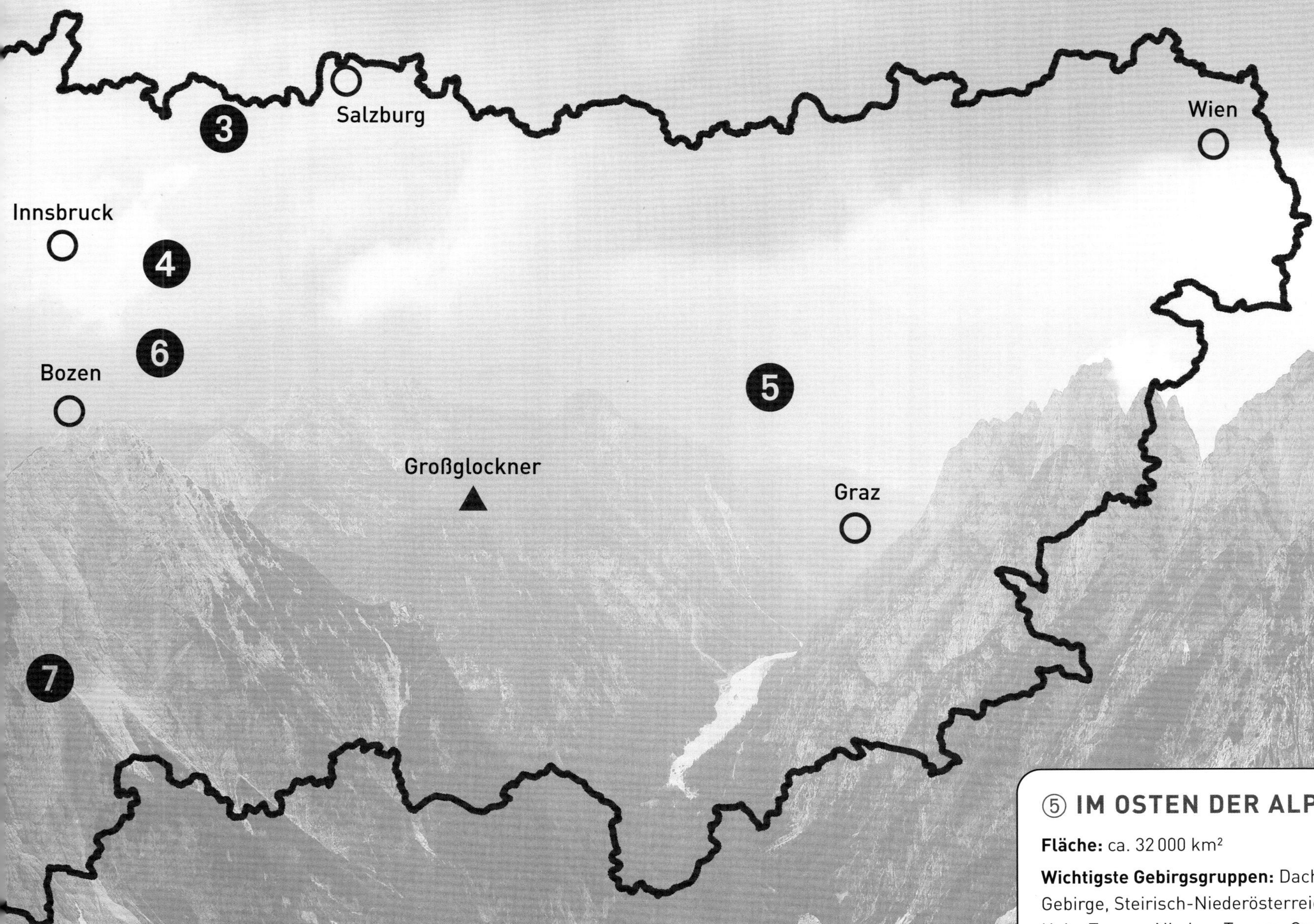

⑤ IM OSTEN DER ALPEN

Fläche: ca. 32 000 km²

Wichtigste Gebirgsgruppen: Dachsteinmassiv, Totes Gebirge, Steirisch-Niederösterreichische Kalkalpen, Hohe Tauern, Niedere Tauern, Gurktaler Alpen, Karnische Alpen, Julische Alpen

Wichtigste Gipfel: Hoher Dachstein (2995 m), Hochtor (2369 m), Hochschwab (2277 m), Großvenediger (3666 m), Großglockner (3798 m), Hochgolling (2862 m), Triglav (2874 m)

Städte: Zell am See, Bad Ischl, Leoben, Klagenfurt, Bled

⑥ DIE DOLOMITEN

Fläche: ca. 6000 km²

Wichtigste Gebirgsgruppen: Langkofel, Rosengarten, Geislerspitzen, Sella, Marmolada, Pala, Pragser Dolomiten, Ampezzaner Dolomiten, Sextener Dolomiten, Belluneser Dolomiten

Wichtigste Gipfel: Langkofel (3181 m), Marmolada (3343 m), Cimòn della Pala (3184 m), Tofana di Rozes (3225 m), Cristallo (3221 m), Antelao (3264 m), Drei Zinnen (2999 m), Civetta (3220 m), Monte Pelmo (3168 m)

Städte: St. Ulrich, Corvara, Canazei, Cortina d'Ampezzo

REGISTER

Der Fotograf:
Stefan Hefele, geboren 1986, ist als Abenteuer- und Landschaftsfotograf weltweit unterwegs. Er veröffentlichte in Autorenkalendern, darunter »Berge 2016« von GEO und ist Mitautor eines Lehrbuchs über Naturfotografie und Jury-Mitglied bei den EPSON International Pano Awards. Als Autor ist er für diverse Magazine und Fachverlage tätig. Er lebt mit seiner Familie in Bayerisch-Schwaben.

Der Autor:
Eugen E. Hüsler, geboren 1944 in Zürich, hat bisher über 100 Reiseführer, Wander- und Klettersteigführer sowie Bildbände veröffentlicht, davon über 50 Titel bei Bruckmann. Seit vier Jahrzehnten ist er unterwegs in den Alpen, gerne auch abseits der Renommierziele, und immer mit Blick auf die aktuellen Entwicklungen des Bergtourismus. Seit 1983 lebt er mit Ehefrau Hildegard in Oberbayern. Zuletzt schrieb er »Passbilder – Landschaften der Alpenpässe«, erschienen bei Frederking & Thaler.

IMPRESSUM

Verantwortlich: Joachim Hellmuth, Marianne Huber
Redaktion: Birgit Günther
Korrektorat: Viola Siegemund
Satz und Layout: VerlagsService Gaby Herbrecht
Umschlaggestaltung: coverdesign uhlig
Repro: Ludwig Media, Zell am See
Herstellung: Bettina Schippel
Printed in Germany by APPL aprinta druck, Wemding

★★★★★

Sind Sie mit diesem Titel zufrieden? Dann würden wir uns über Ihre Weiterempfehlung freuen.

Erzählen Sie es im Freundeskreis, berichten Sie Ihrem Buchhändler, oder bewerten Sie bei Onlinekauf.

Und wenn Sie Kritik, Korrekturen, Aktualisierungen haben, freuen wir uns über Ihre Nachricht an Bruckmann Verlag, Postfach 40 02 09, D-80702 München oder per E-Mail an lektorat@verlagshaus.de.

Unser komplettes Programm finden Sie unter www.bruckmann.de

Alle Angaben dieses Werkes wurden von den Autoren sorgfältig recherchiert und auf den neuesten Stand gebracht sowie vom Verlag geprüft. Für die Richtigkeit der Angaben kann jedoch keine Haftung übernommen werden.

Autorenempfehlung:
Sie sind auf der Suche nach einem weiteren Buch, das Ihnen die Bergwelt auf intensive Weise nahebringt? Der Autor Eugen E. Hüsler empfiehlt »Der Atem der Berge« aus dem Bruckmann Verlag.

Bildnachweis:
Alle Fotografien des Umschlags und des Innenteils stammen von Stefan Hefele, außer S. 312: Felix Röser.

Umschlag: Der Talkessel Cirque du Fer à Cheval
Seite 1: Dolomitenzauber: Cadinispitzen und Sorapiš.
Seite 2/3: Die Trettachspitze im Allgäu.
Seite 4/5: Wolkentreiben an den Cadini di Misurina.

Die Deutsche Nationalbibliothek verzeichnet diese Publikation in der Deutschen Nationalbibliografie; detaillierte bibliografische Daten sind im Internet über http://dnb.d-nb.de abrufbar.

ISBN 978-3-7343-0926-7